CW01630682

BUR

Edith Wharton

Ethan Frome

introduzione di VITO AMORUSO
traduzione di GRETI DUCCI

Biblioteca Universale Rizzoli

Proprietà letteraria riservata
© 1963, 1994 R.C.S. Libri & Grandi Opere S.p.A., Milano

ISBN 88-17-16996-X

Titolo originale dell'opera:
ETHAN FROME

prima edizione: luglio 1994

INTRODUZIONE

Ci sono opere della narrativa americana del primo Novecento che, ad ogni nuova lettura, non finiscono mai di sorprendere per la modernità della loro struttura e per la freschezza narrativa.

Una di queste è sicuramente *Ethan Frome*, il breve romanzo che Edith Wharton pubblicò nel 1911, nel periodo più fecondo, artisticamente più felice, della sua lunga e operosa carriera di scrittrice, cioè quello che comprende *The House of Mirth* (1905) e il celebre *The Age of Innocence* (1920).

In quegli anni la Wharton che, sin dalla sua prima giovinezza, aveva viaggiato a lungo in Europa, aveva definitivamente scelto la Francia come sua seconda patria.

Insieme al grande amico e mentore Henry James era diventata, insomma, una delle prime figure di quella lunga serie di «exiles», di artisti esuli in terra europea, in fuga dal febbrile e travolgente «male di crescita» di una società americana allora come non mai preda del proprio mito del successo e del denaro.

Non a caso, è la New York di quegli anni fra fine secolo e primi del Novecento a costituire il centro fisico e metaforico di una improvvisa Modernità: un miscuglio violento di fasto e di miseria, una variopinta folla di nuovi ricchi, di spregiudicati «buccaneers» che domina il proscenio, ma non può nascondere il più vasto sottomondo di emarginazione e di miseria anch'esse del tutto nuove. È questo paesaggio che la Wharton osserva con un misto di estraneità e di attrazione, anche se mai con l'aspro rifiuto del James di *The American Scene* (1907), dove la realtà urbana di New York è una giungla di orrori, di vitalità animale, di insensata frenesia, una modernità senza passato, senza tradizione, senza stabilità.

Quella che la Wharton sceglie è una forma di pace separata e, per così dire, «altre voci, altre stanze»: la Francia della cultura e della razionalità e l'Arte, l'alto artigianato della sua Forma, quell'inviolabile «giardino segreto», come lei si esprime nella sua autobiografia, *A Backward Glance* (1934).

Ciò non toglie tuttavia che un «istinto» altrettanto forte sia l'ancoraggio saldamente realistico della sua narrativa. Quello che in essa è innanzi tutto rappresentata è la storia di una sconfitta e di un tradimento, e insomma la fine del proprio mondo, cioè di quel ceto alto-borghese, nerbo politico e culturale della democrazia americana, radicato in una propria tradizione di valori, di norme d'ordine sia etico che civile, in una coerente «decency».

Nei suoi romanzi maggiori, più che alla volgarità e al materialismo dei nuovi ricchi, l'accusa della Wharton è in prima istanza rivolta alla cecità della propria classe, ai suoi cedimenti al nuovo, alla chiusura gretta nel vuoto dei pregiudizi, nei riti fatui della propria sopravvivenza, nel cuore arido di un tradimento della Verità e delle proprie passioni, come accade a Newland Archer, il protagonista di *The Age of Innocence*.

Ciò che squieta il sereno realismo della narrativa di Edith Wharton e imprime il proprio peculiare pathos alla straordinaria esattezza dello sguardo nel rappresentare le forme di questo tramonto, è dunque una forma di identificazione profonda se non con la realtà storica, con l'essenza astratta, e per l'appunto tradita, dei suoi valori: le verità del cuore, la fedeltà assoluta ai comandamenti della propria vita interiore.

È un'idea d'ordine e di controllo sia del reale sia di se stessi, che non a caso anche la ribelle Wharton, pur nel suo esilio europeo, continuò tenacemente a rispettare.

Naturalmente, in questa radicata presenza di una «norma» che, ferrea, racchiuda in sé il tumulto delle passioni, il represso e le pulsioni segrete che le rigide regole sociali tendono a confinare nel buio del non detto e del non esprimibile, possono, al contrario, trovare come in Ibsen, una forza d'emersione tanto più indomabile quanto più soffocata.

Nella «norma», e attraverso di essa, tutto, infatti, o quasi tutto, può trovare voce e spazio, anche un erotismo senza veli, come quello dello scandaloso frammento di racconto, *Beatrice Palmato*, ritrovato alcuni anni fa fra le carte inedite della Wharton.

Il luogo elettivo di questo sguardo tutto interno al proprio mondo è per Edith Wharton, qui davvero jamesianamente, l'Arte ed è ad essa che viene riservato il compito non solo di dar voce a una nostalgia per un mondo che non c'è più, ma di rappresentarne, con distacco e sofferta partecipazione, le incrinature e le ombre.

In *Ethan Frome* questa ambivalenza del realismo della Wharton è sommamente evidente: certo, qui tema e sfondo della narrazione, non sono, in apparenza, né la realtà urbana né quel transito violento nel moderno che essa fatalmente comporta.

Eppure, se lo sfondo è diverso, *Ethan Frome* ha come suo centro la stessa attenzione per questo dissidio fra norma ed eversione, fra gli innumerevoli vincoli delle convenzioni sociali e il diritto individuale se non alla felicità, alla fedeltà a se stessi.

Il paesaggio fisico e morale del racconto è l'orizzonte chiuso, fuori dalla storia e dalla civiltà, del New England rurale, ma l'asprezza e lo squallore, la desolata solitudine che gli sono propri non sono, a ben guardare, che una proiezione estrema e amplificata della spietata durezza della giungla urbana.

In questo paesaggio tutto è elementare ed arcaico, eppure la scenografia non deve ingannare, perché all'opera, nella piccola comunità di Starkfield, Massachusetts, è la stessa terribile corrispondenza fra mondo esterno e storie individuali: al gelo della natura, ai silenzi innevati della terra addormentata nel buio delle notti invernali, corrispondono i silenzi profondi, gli aridi geli dell'anima, le passioni soffocate, quella trappola chiusa di pregiudizi, misteri, represse violenze, che attanagliano il microcosmo di Starkfield.

Al centro di esso, i tre attori principali del dramma – il ventottenne Ethan, già precocemente invecchiato e mortalmente ferito nell'anima, la moglie Zeena, la giovanissima cugina Mattie – recitano la loro storia d'odio e d'amore come modernissime *personae* di un universo tragico ironicamente rovesciato.

Le lente scansioni del destino li trascinano verso una catastrofe che tuttavia non è né apice né punto di svolta, ma solo inesorabile, amarissima, prosaica deriva.

Tutti gli ingredienti di un quadro di costume e, ancor più, di un fosco melodramma naturalistico sono, come si vede, potenzialmente ben presenti in un testo come *Ethan Frome*.

Eppure, è il singolare trattamento formale a cui la Wharton sottopone la propria materia e che lei acutamente spiega nella sua introduzione, a costituire la vera forza di questo breve romanzo, ciò che lo trasforma in qualcosa di più di un documento storico e di una variazione sul genere.

Né romanzo né *short story, Ethan Frome* appartiene a quel genere letterario misto che in inglese è definito, italianamente, «novella» o, per usare il termine francese adottato dalla Wharton in una lettera al suo amico Bernard Berenson, «nouvelle». È, in breve, un racconto lungo che ha la concentrazione drammatica di una *short story* ma anche, se non la distensione, certo lo spessore dell'intreccio e l'itinerario di un romanzo.

Tutto è però filtrato da una voce narrante che racconta in prima persona quello che ha direttamente visto, cioè l'epilogo triste e beffardo di questa monca storia d'amore, molti anni dopo l'incidente al centro della vicenda.

L'invenzione di questo narratore-testimone non solo è essenziale alla verità del racconto e all'efficacia della *suspence*, ma è funzionale, nella dichiarata soggettività e parzialità del punto di vista, al proprio esatto opposto, una più compiuta obiettività, una più profonda inclusività dello sguardo e della rappresentazione narrativa.

Questa voce narrante accoglie in sé, infatti, le versioni parziali e reticenti della storia da parte di alcuni testimoni sopravvissuti del passato (ad esempio, Harmon Gow e la signora Hale) e, attraverso esse, quelle anonime e varie di altre voci e comparse del villaggio: a questo modo, la rifrazione soggettiva del narratore, che si fa voce di altre voci, assume la tonalità imperturbabile di un coro tragico che è insieme spettatore e attore del dramma.

È questo che imprime, nella staticità del tutto, il singolare movimento, il pathos proprio del racconto: partendo dalla fine, e come in un *flashback*, in un movimento a ritroso nel tempo, le premesse del dramma sono delineate nella loro essenzialità, finché il passato selettivamente rievocato si fa esso stesso presente, si concentra nel maggior punto di tensione della sua lenta catastrofe, quando, con grande maestria, la Wharton prepara come inatteso quel decorso degli eventi che in realtà attendiamo, a cui perveniamo insieme certi di quel che accadrà, ma anche impreparati alla sua epifania implacabilmente ironica.

Il punto di precipizio della storia ha inizio dal momento in cui Zeena decide di andare in città per un consulto definitivo sui propri malanni: in sua assenza, Ethan e Mattie tentano in qualche modo di dare parole e gesti a una propria precaria felicità, ma naturalmente tutto qui è, nei sentimenti e nella realtà, appena un abbozzo, un tentativo mutilo, o meglio, la lenta preparazione di una trappola e di un vicolo cieco. Sarebbe difficile dire quale sia, in questa storia archetipica, l'ostacolo, la cecità, la paralisi, il muro che maggiormente si frappongano, se quelli della realtà o quelli delle interne prigionie dei personaggi.

Al ritorno di Zeena, la minaccia dell'allontanamento di Mattie, i silenzi, le cose parzialmente dette, il tormento e il rancore accumulati trasformano quella straordinaria scena del dialogo nell'oscurità della stanza fra i due coniugi in una resa dei conti lungamente attesa, eppure anch'essa totale e disperatamente monca.

Come in un dramma, qui le parole sono una forma d'azione e gli stessi «pensieri» sembrano «lanciarsi l'uno contro l'altro come serpenti che schizzano veleno», la scena è «selvaggia e senza senso», il buio in cui ci si affronta al chiuso, dentro il sinistro silenzio della natura circostante, è davvero l'oscuro grembo di una verità che sarà accecante, e cioè non il precipitare verso la morte che ci si vorrebbe dare, ma verso una metafisica, ineradicabile impotenza d'ogni umana storia, quel suo scacco necessario già tutto scritto nelle tombe dei Frome accanto alla casa, dove giacciono sepolti i genitori di Ethan che mai da lì, da quei luoghi di desolazione, si sono allontanati e che ad Ethan ricordano l'impossibilità d'ogni fuga.

Una fosca luce hawthorniana sulla ineluttabilità del male e della colpa è sottesa a questa prosaica storia moderna d'infelicità. E come in Hawthorne, anche in questo racconto della Wharton sullo sfondo, non detto, presente come una cupa ombra indiretta, avvertiamo il sommuoversi di forze e pulsioni più oscure, quasi che l'amore che non potrà essere fra Ethan e Mattie sia un altro modo di esprimere la perturbante realtà di una verità incestuosa, quella porta chiusa di ogni ossessivo universo familiare, che, per essere veramente presente, per esercitare davvero tutta la sua tremenda forza narrativa e simbolica, non deve mai – e questo l'americana Edith Wharton lo sa bene – essere aperta.

VITO AMORUSO

CRONOLOGIA DELLA VITA E DELLE OPERE

Edith Newbold Jones nasce a New York il 24 gennaio 1862, terza e ultima figlia di una ricca famiglia aristocratica, fra le più note ed influenti di quella città.

Nel 1885 sposa Edward Wharton, un amico di famiglia di tredici anni più anziano di lei, un borghese *bon vivant* sportivo e cordiale, ma di ben limitati interessi culturali.

Dopo il matrimonio, la Wharton viaggia ancor più frequentemente al di là dell'Atlantico, trascorre in Europa e specialmente in Francia, lunghi periodi, ed è qui che stringe le sue amicizie più importanti, con artisti, intellettuali, esponenti dell'alta società sia europea che americana: Henry James, innanzi tutto, e poi Berenson, Bourget, Lubbock, Walter Berry, senza contare l'amico di sempre, il presidente Theodore Roosevelt.

Appassionata d'arredamento, pubblica nel 1897 con successo *The Decoration of House* in collaborazione col giovane architetto Ogden Coleman, anche sulla base della personale esperienza in questo campo nell'arredare la casa – fra le tante sue, in Europa e in America – da lei più amata: The Mount, a Lenox, nel Massachusetts.

Una raccolta di racconti, la prima, è del 1899: *The Greater Inclination*. Del 1902 il primo romanzo, *The Valley of Decision*, una romantica storia d'amore ambientata nell'Italia del diciottesimo secolo.

Nel 1910, trasferitasi definitivamente in Francia, la Wharton si separa per sempre dal marito, la cui salute mentale vacilla, al punto che verrà rinchiuso in un sanatorio, dopo che ha dilapidato una parte consistente della rendita e dell'eredità della Wharton da lui amministrata.

In Francia scrive le sue opere maggiori, *Ethan Frome* (1911) e *The Age of Innocence* (1920), fra le più amate dal pubblico insieme a *The House of Mirth* (1905).

Allo scoppio della prima guerra mondiale, si schiera con la Francia, s'impegna in prima persona assistendo profughi francesi e belgi e, per questo, riceverà l'onorificenza della Legione d'onore dal governo francese. Del 1913 è anche *The Custom of the Country* e dell'anno precedente il romanzo *The Reef.*

Del suo impegno umanitario nella guerra è testimonianza *The Marne* del 1918, ma il romanzo del 1917, *Summer*, annuncia già che la Wharton sta tornando al luogo elettivo della sua narrativa, quell'America degli anni settanta-ottanta del secolo, centro ispiratore del romanzo che la renderà popolare: nel 1921 *The Age of Innocence* riceverà infatti il premio Pulitzer.

Del 1922 è *The Glimpses of the Moon*, il romanzo di grande successo dal quale nel 1923 sarà tratto un film, coi dialoghi scritti da Francis Scott Fitzgerald.

Del 1924 è la celebre raccolta di racconti *Old New York*, ma la Wharton è sempre più lontana dall'America contemporanea: vi torna infatti in quell'anno, e solo di passaggio, per ritirare un Ph. D. ad honorem conferitole dall'Università di Yale.

Nel 1918 era morto il marito Edward. Sempre più impegnata a coltivare le sue amicizie (a cui si aggiungono in questi anni quelle con H. G. Wells, Harold Nicolson e Dame Edith Sitwell) la Wharton è ancora operosissima nella sua attività letteraria, ma la creatività di un tempo declina vistosamente: fra le sue ultime opere occorrerà ricordare *The Gods Arrive* (1932) e soprattutto l'autobiografia *A Backward Glance* del 1934.

Alla sua morte, il 14 agosto 1937, lascia incompiuto il romanzo *The Buccaneers*, che uscirà postumo nel 1938.

BIBLIOGRAFIA

In assenza di un'edizione critica delle opere complete di Edith Wharton, si segnala per autorevolezza e completezza l'edizione della *Library of America* che raccoglie in due volumi le opere più note della Wharton: *Novels* (*The House of Mirth*; *The Reef*; *The Custom of the Country*; *The Age of Innocence*), a cura di R. W. B. Lewis, New York 1985, e *Novellas and Other Writings* (*Madame de Treymes*; *Ethan Frome*; *Summer*; *Old New York*; *A Backward Glance*), a cura di Cynthia Griffin Wolff, New York 1990.

Tra le edizioni italiane si segnalano *La casa della gioia*, trad. di Clara Lavagetti, pref. di Benedetta Bini, Editori Riuniti, Roma 1993; *Madame de Treymes*, trad. di Marcella Bonsanti, La Tartaruga, Milano 1992; *Un caso terribile, Ethan Frome*, trad. di Marcella Hannan, Longanesi, Milano 1979 (ripubblicato da Guanda, Parma 1993); *La scogliera*, trad. di Marina Premoli, intr. di Gianfranca Balestra, La Tartaruga, Milano 1993; *L'usanza del paese*, trad. di Maria Teresa Sereni, Longanesi, Milano 1985; *Estate* (con il frammento «Beatrice Palmato»), trad. di Maria Giulia Castagnone, postfazione di Emanuela Del Fabbro, La Tartaruga, Milano 1993; *L'età dell'innocenza*, trad. di Amalia D'Agostino Schanser, intr. di Salvatore Rosati, Milano 1960 e Longanesi, Milano 1979; *Vecchia New York*, trad. di Maria Giulia Castagnone, La Tartaruga, Milano 1988; *Ragazzi*, trad. di L. Rochat Jervis, Longanesi, Milano 1989; *Uno sguardo indietro. Autobiografia*, trad. di M. Duca Buitoni, Editori Riuniti, Roma 1984; *Lettere a Morton Fullerton*, trad. e cura di M. Premoli, Archinto, Milano 1990.

Della ricca bibliografia critica dedicata alla figura e all'opera di Edith Wharton, ricordiamo, oltre alla fondamentale biografia di R. W. B. Lewis, *Edith Wharton: a Biography*, New York 1975, i seguenti studi biografici e critici: Elizabeth Ammons, *Edith Wharton's Argument with America*, Athens 1980; L. Auchincloss, *Edith Wharton: a Woman in her Time*, New York 1972; Susan Goodman, *Edith Warton's Women*, Hannover 1990; Katherine Joslin, *Edith Wharton*, New York 1991; G. Kellog, *The Two Lives of Edith Wharton*, 1965; Percy Lubbock, *Portrait of Edith Wharton*, New York 1947; M. G. Lyde, *Edith Wharton: Convention and Morality in the Work of a Novelist*, Norman 1959; Blake Nevius, *Edith Wharton: a Study of her Fiction*, Berkeley 1953; Lev Raphael, *Edith Wharton's Prisoner of Shame: A New Perspective on her Neglected Fiction*, New York 1991; Penelope Vita-Finzi, *Edith Wharton and the Art of Fiction*, New York 1990; G. Walton, *Edith Wharton: a Critical Interpretation*, Teaneck, N. Y. 1975; Barbara White, *Edith Warton: A Study of the Short Fiction*, Boston 1991; Cynthia Griffin Wolff, *A Feast of Words. The Triumph of Edith Wharton*, New York 1977.

Un volume antologico di saggi critici, con contributi di I. Howe, E. Wilson, P. Lubbock, E. K. Brown, Q. D. Leavis, D. Trilling, B. Nevius e L. Trilling, è curato da Irving Howe, *Edith Wharton: a Collection of Critical Essays*, Englewood Cliffs 1962.

Tra i contribuit italiani si ricordano, oltre a quelli già citati, il saggio di Agostino Lombardo su *L'età dell'innocenza*, in *La ricerca del vero*, Roma 1961, e quello dedicato da Vittoria Sanna ai rapporti tra i romanzi di Edith Wharton e la narrativa jamesiana, in *Saggi di letteratura inglese e americana*, Roma 1977. A Vittoria Sanna si deve anche il profilo della Wharton, pubblicato in *I Contemporanei. Letteratura Americana*, a cura di Elemire Zolla, vol. I, Roma 1982.

Costanti aggiornamenti biobibliografici sono forniti da *American Literary Scholarship*, pubblicata annualmente dalla Duke University Press, e dall'*Edith Wharton Review*.

ETHAN FROME

INTRODUZIONE DELL'AUTRICE

Sapevo qualcosa sulla vita di paese del New England molto tempo prima di stabilirmi nella stessa contea dove ho ambientato il mio immaginario Starkfield; ma durante gli anni trascorsi laggiù alcuni dei suoi aspetti mi divennero molto più familiari.

Anche prima di conoscerlo così a fondo, però, avevo avuto la vaga sensazione che il New England della letteratura avesse poca somiglianza - eccetto, vagamente, quella botanica e dialettale - con il paese aspro e meraviglioso che io avevo conosciuto. Anche leggendo le prolisse enumerazioni di tipi di felci, asteri e allori di montagna, e la coscienziosa riproduzione del dialetto, mi rimaneva sempre la sensazione che il granito che affiorava in quella terra fosse stato trascurato in ambedue i casi. Questa impressione è assolutamente personale: è il motivo per cui è stato scritto *Ethan Frome*, e può, per alcuni lettori, giustificarlo in parte.

Questo, per quanto riguarda l'origine della storia: di essa non vi è altro da dire, tranne ciò che concerne la sua struttura.

Il problema che avevo dinanzi, quale lo vidi al primo istante, era il seguente: avevo a che fare con un soggetto in cui l'acme - o meglio l'anti-acme - drammatico si verifica una generazione dopo il primo atto della tragedia.

Il forzato intercorrere di questo lasso di tempo sembrerebbe indicare a chiunque sia persuaso, come lo sono sempre stata io, che ogni soggetto (nel senso letterario della parola) *contiene implicitamente la propria forma e le proprie dimensioni*, che *Ethan Frome* debba essere il soggetto per un romanzo. Ma io non lo pensai neppure per un attimo perché, nello stesso tempo, sentivo che il tema del mio racconto era un tema sul quale non si potevano fare molte variazioni. Doveva essere trattato così crudamente e sommariamente come la vita si era sempre presentata ai miei protagonisti: qualsiasi tentativo di elaborare e complicare i loro sentimenti avrebbe per forza falsificato l'insieme. Questi personaggi erano in realtà *il mio granito che affiorava*: solo parzialmente emersi dal suolo e poco più di esso articolati.

Questa incompatibilità tra soggetto e costruzione avrebbe potuto forse suggerire l'idea che la mia trama, dopotutto, fosse una di quelle da scartare. Ogni romanziere è stato tentato dai seducenti fantasmi di ingannevoli "buone trame", soggetti allettanti come sirene che attirano il suo guscio di noce verso gli scogli; la loro voce è udita più sovente, e il miraggio del loro mare si presenta più spesso, quando egli traversa il deserto privo d'acqua che lo attende a metà strada di qualsiasi lavoro abbia al momento tra le mani. Sapevo molto bene quale allettante melodia cantassero queste sirene, e spesso mi ero volontariamente inchiodata al mio monotono lavoro finché la loro voce non si fosse allontanata - forse portando con sé, avvolto in veli di arcobaleno, un capolavoro perduto.

Ma non avevo timore di loro nel caso di *Ethan Frome*. Era la prima volta che avvicinavo un soggetto con la piena convinzione che esso fosse valido per il mio intento, e con una relativa fiducia nella mia stessa capacità di riuscire a esprimere almeno una parte di ciò che vedevo in esso.

A ogni romanziere, ripeto, che intenda seriamente la sua arte, è capitato di trovare tali soggetti, e di essere affascinato dalla difficoltà di renderli con pieno rilievo, senza aggiungervi ornamenti o giochi di pieghe o di luce. Era questo che dovevo fare, se volevo raccontare la storia di Ethan Frome; e ancora penso che il mio schema di costruzione in questo caso particolare sia giustificato - sebbene fosse accolto con immediata e categorica disapprovazione da parte dei pochi amici ai quali tentai di spiegarlo per sommi capi. A me sembra infatti che, mentre si presta un'aria di artificialità a un racconto di gente complessa e sofisticata che, secondo il romanziere, deve essere resa plausibile e interpretata anche da un qualsiasi semplice spettatore, non vi debba essere un simile svantaggio se è sofisticato lo spettatore e i personaggi che egli interpreta sono semplici. Se egli è capace di vedere tutto intorno a loro, non viene fatta violenza alla probabilità nel permettergli di esercitare questa sua dote; è abbastanza naturale che egli agisca come intermediario tra i suoi personaggi rudimentali e le menti più complicate alle quali cerca di presentarli. Ma tutto ciò è evidente in sé, e ha bisogno di essere spiegato solo a coloro che non hanno mai pensato al romanzo come a un'arte di composizione.

Il vero merito della mia costruzione mi sembra sia in un particolare secondario. Dovevo trovare il sistema di portare la mia tragedia a conoscenza del narratore, in un modo che avesse la stessa naturalezza e immediatezza di un quadro. Lo avrei potuto mettere seduto davanti a un pettegolo del villaggio, il quale gli avrebbe raccontato tutta la storia in un fiato, ma facendo così avrei falsato due elementi essenziali del mio quadro: primo, la radicata reticenza e il riserbo della gente che cercavo di descrivere, e secondo, l'effetto di "rotondità" (in senso plastico) prodotto dal far sì che la storia fosse vista da occhi così differenti come quelli di Harmon Gow e della signora Ned Hale. Ognuno dei miei cronisti contribuisce alla narrazione *giusto quel tanto che ognuno è capace di comprendere* di ciò che, per loro, è un caso complicato e misterioso; e solo colui che narra la storia ha una visuale abbastanza vasta per vederla tutta, per riportarla alla semplicità e per metterla al giusto posto fra le più vaste categorie.

Non avanzo pretese di originalità nel seguire un metodo di cui *La grande Bretêche* e *The Ring and the Book*[1] mi hanno dato un magnifico esempio; il mio unico merito è forse quello di aver indovinato che il procedimento adoperato colà si poteva applicare anche al mio breve racconto.

Ho scritto questa breve analisi - la prima che ho mai pubblicato di qualche mio libro - perché, come introduzione di uno scrittore al suo lavoro, non posso immaginare nessun'altra cosa che possa avere valore per i lettori tranne una dichiarazione sul perché egli abbia deciso di intraprendere il lavoro in questione, e perché abbia scelto una forma piuttosto che un'altra.

Questi scopi primari, gli unici che possano essere esplicitamente enunciati, devono essere sentiti dall'artista quasi istintivamente e messi in atto prima che nella sua creazione possa entrare quell'imponderabile qualcosa di più che fa sì che la vita vi circoli, e la preserva per un poco dal decadimento.

EDITH WHARTON

[1] Rispettivamente novella di Balzac e poema di Browning.

Avevo sentito la storia, a frammenti, da varie persone, e, come spesso accade in casi simili, ogni volta era una storia diversa.

Se conoscete Starkfield, Massachusetts, conoscete anche l'ufficio postale. Se conoscete l'ufficio postale, dovete aver visto Ethan Frome fermarvisi dinnanzi col suo calesse, gettare le redini sulla groppa incavata del suo cavallo baio, e trascinarsi fino al bianco colonnato, attraversando il marciapiede di mattoni; e dovete aver chiesto chi fosse.

Fu qui, molti anni fa, che lo vidi per la prima volta: e il suo aspetto mi colpì.

Anche allora, sebbene non fosse più che una rovina di uomo, egli era la figura più imponente e impressionante di Starkfield.

Non era solamente la sua altezza che lo distingueva, perché i nativi del luogo si riconoscevano facilmente per la dinoccolata, longilinea figura, dalla razza straniera, più tarchiata: era l'aspetto possente e noncurante che aveva quantunque fosse zoppo e ciò gli impedisse ogni passo come lo strappo di una catena. Vi era qualcosa di lugubre e di scostante sul suo volto, ed era talmente irrigidito e brizzolato che pensai fosse un vecchio, e rimasi sorpreso di sentire che non aveva più di cinquantadue anni. Me lo disse Harmon Gow, che aveva guidato la diligenza da Bettsbridge a Starkfield in tempi anteriori al tram, e conosceva la cronistoria di tutte le famiglie che abitavano sul suo percorso.

"Ha sempre avuto questo aspetto dal giorno dell'incidente; saranno ormai ventiquattro anni a febbraio"

Harmon disse, tra pause durante le quali il suo pensiero riandava al ricordo.

Era stato "l'incidente" - per quanto riuscii a capire dallo stesso informatore - che, oltre a segnare la rossa cicatrice attraverso la fronte di Ethan Frome, aveva storpiato e accorciato il suo fianco destro in tal modo che gli costava un visibile sforzo fare i pochi passi dal suo calesse allo sportello dell'ufficio postale. Aveva l'abitudine di venire in città dalla sua fattoria ogni giorno, verso mezzodì, e siccome a quell'ora io passavo a prendere la posta, lo incontravo spesso sotto il portico e attendevo in piedi vicino a lui, osservando la mano che distribuiva la corrispondenza dietro l'inferriata.

Notai che, sebbene venisse sempre così puntualmente, non riceveva altro che un giornale, *L'aquila di Bettsbridge,* che senza guardare infilava nella tasca sdrucita. A volte, raramente, l'ufficiale postale gli porgeva una busta indirizzata alla signora Zenobia - o Zeena - Frome, che di solito recava stampato nell'angolo sinistro, bene in vista, l'indirizzo di qualche fabbricante di medicinali e il nome della specialità. Anche quando arrivavano queste buste, il mio vicino se le infilava in tasca senza dar loro uno sguardo, come se fosse troppo abituato a esse per incuriosirsi sul loro numero e la loro varietà, e poi se ne andava in silenzio, con un cenno del capo all'ufficiale postale.

Tutti a Starkfield lo conoscevano e gli rivolgevano il saluto adeguandolo alla sua grave espressione; ma il suo silenzio veniva rispettato, e solo in rare occasioni uno dei vecchi del posto lo tratteneva per fare quattro chiacchiere. Quando ciò accadeva, egli ascoltava in silenzio, gli azzurri occhi fissi sul viso dell'interlocutore, e rispondeva a voce tanto bassa che le sue parole non raggiungevano il mio orecchio; poi si arrampicava faticosamente sul calesse, prendeva le redini nella sinistra e partiva lentamente in direzione della sua fattoria.

"Fu un incidente grave?" chiesi ad Harmon, seguendo con gli occhi la figura di Frome che si allontanava, e pensando quanto fieramente il suo asciutto, bruno viso, con il ciuffo di capelli biondi, doveva stare eretto sulle forti spalle, prima che fossero storpiate e incurvate.

"Della peggiore specie," assentì il mio informatore "più che sufficiente per ammazzare chiunque. Ma i Frome sono resistenti. Ethan probabilmente arriverà a cent'anni."

"Dio mio!" esclamai. In quel momento Ethan Frome, dopo essersi arrampicato sul suo sedile, si era chinato per vedere se una cassetta di legno - anche quella con l'etichetta di una farmacia - che aveva messo nella parte posteriore del calesse, era bene assicurata, e io vidi il suo viso con l'espressione che probabilmente aveva quando credeva di essere solo. "Quell'uomo arrivare a cent'anni! Ha già l'aspetto di un morto, e di un morto all'inferno!"

Harmon prese una tavoletta di tabacco dalla tasca, ne tagliò un pezzetto e lo pressò nella sua guancia come in una borsa di cuoio. "Forse è stato a Starkfield troppi inverni. I migliori se ne vanno."

"Perché non se n'è andato anche lui?"

"Qualcuno doveva rimanere a prendersi cura della famiglia. Non vi è mai stato nessun altri che Ethan. Prima suo padre, poi sua madre, poi sua moglie."

"E poi l'incidente?"

Harmon ridacchiò sardonicamente. "Esatto. E allora *dovette* restare."

"Capisco. E da allora gli altri hanno dovuto prendersi cura di lui?"

Harmon spostò il tabacco nell'altra guancia, con cura. "Oh, quanto a questo, è sempre stato Ethan a curare gli altri."

Sebbene Harmon Gow sviluppasse la storia per

quanto la sua portata mentale e morale glielo permettesse, vi erano evidenti lacune tra i fatti del suo racconto, e io avevo la sensazione che il significato più profondo della storia stesse proprio in queste lacune. Ma una frase mi era rimasta impressa nella memoria, e mi servì come nucleo intorno a cui raggruppare le mie susseguenti deduzioni: "Forse è stato a Starkfield troppi inverni".

Prima che il mio periodo di permanenza laggiù terminasse, avevo imparato a comprendere cosa significasse questa frase. Eppure io vi ero giunto ai tempi degenerati del tram, della bicicletta, quando le comunicazioni erano facili tra i villaggi sparsi sulle montagne, e le città più grandi nelle vallate, come Bettsbridge e Shadd's Falls, avevano librerie, teatri, sale Y.M.C.A.[1] alle quali si recava la gioventù delle colline per distrarsi. Ma quando l'inverno si chiuse su Starkfield, e il villaggio fu sotto una coltre di neve perpetuamente rinnovata dal pallido cielo, cominciai a capire che cosa la vita - o piuttosto la negazione della vita - dovesse essere stata ai tempi della gioventù di Ethan Frome.

Io ero stato mandato laggiù dai miei superiori per un lavoro connesso alla grande centrale elettrica, e un prolungato sciopero di carpentieri aveva talmente ritardato il lavoro che io mi trovai ancorato a Starkfield - il posto abitabile più vicino - per la maggior parte dell'inverno. Dapprima mi ribellai, ma poi, sotto l'effetto ipnotico dell'abitudine, gradualmente cominciai a trovare un cupo piacere in quella specie di vita. Nel primo periodo del mio soggiorno ero stato colpito dal contrasto tra la vitalità del clima e l'apatia della gente. Giorno per giorno, dopo che le nevicate di dicembre furono finite, un intenso cielo azzurro rovesciava torrenti di luce e aria sul candido paesaggio, che li rifletteva con uno scintillio an-

[1] *Youg Men's Christian Association*, associazione cristiana dei giovani.

cora più intenso. Si penserebbe che una simile atmosfera dovesse ravvivare le emozioni così come il sangue: ma invece non sembrava produrre alcun cambiamento, tranne che rallentare ancor di più i battiti del lento polso di Starkfield.

Dopo che ero stato lì un altro po' di tempo, e avevo visto questa fase di limpidezza cristallina chiudersi ed essere seguita da lunghi periodi di freddo senza sole; quando le tempeste di febbraio si attendarono, ammantate di bianco, intorno al villaggio, e la selvaggia cavalleria dei venti di marzo giunse alla carica in loro aiuto, allora cominciai a comprendere perché Starkfield emergeva dai suoi sei mesi di assedio come una guarnigione affamata che si arrende senza quartiere. Venti anni prima, i mezzi di resistenza dovevano essere molto minori, e il nemico doveva controllare quasi tutte le linee d'accesso tra i villaggi assediati; e considerando tutte queste cose, sentii la sinistra potenza della frase di Harmon: "I migliori se ne vanno".

Ma se questo era il caso, come era possibile che una combinazione di ostacoli avesse impedito la fuga di un uomo come Ethan Frome?

Durante il mio soggiorno a Starkfield dimoravo presso una vedova di mezza età, conosciuta familiarmente come la signora Ned Hale. Il padre della signora Hale era stato l'avvocato del villaggio della passata generazione, e la "casa dell'avvocato Varnum", dove la mia padrona ancora viveva con la madre, era la residenza più importante del paese.

Si ergeva a un capo della strada principale, e il suo portico in stile classico e le finestre a piccoli riquadri guardavano lungo un sentiero a lastroni di pietra, fiancheggiato da abeti di Norvegia, verso lo snello, bianco campanile della chiesa della Congregazione. Era chiaro che le sostanze dei Varnum erano in declino, ma le due donne facevano il possibile per mantenere un dignitoso decoro; e la signora Hale, in particolare, aveva una certa smunta raffinatezza ben intonata con la pallida, antiquata casa. Nel "salotto buono", con le nere imbottiture di crine e i mobili di mogano debolmente illuminati da una gorgogliante lampada a petrolio, ascoltavo tutte le sere una nuova e più delicata versione della cronaca di Starkfield. Non che la signora Ned Hale sentisse o affettasse alcuna superiorità sociale verso la gente intorno a lei; soltanto che la coincidenza di una sensibilità più affinata e di un po' più di cultura aveva stabilito giusto quel tanto di distanza tra lei e i suoi vicini, da permetterle di giudicarli con distacco.

Essa non era restia a esercitare questa sua facoltà, e io speravo molto di avere da lei le notizie mancanti della storia di Ethan Frome, o per lo meno una illuminazione sul suo carattere che mi permettesse di coordinare i fatti che conoscevo.

La mente della signora Hale era un deposito di aneddoti innocui, e qualsiasi domanda sui suoi conoscenti provocava una valanga di particolari; ma sull'argomento Ethan Frome la trovai stranamente reticente.

Non vi era ombra di disapprovazione nel suo riserbo; sentivo solamente in lei una riluttanza insormontabile a parlare di lui o delle sue cose; un: "Sì, li conoscevo tutti e due... fu terribile..." detto sottovoce sembrava la massima concessione che la sua desolazione potesse fare alla mia curiosità.

Tale era il mutamento del suo tono, tale profondità di triste iniziazione, esso implicava che, pur nutrendo dei dubbi sulla mia delicatezza, riproposi la questione al mio oracolo del villaggio, Harmon Gow, ma ne ebbi in cambio solo un borbottio di incomprensione.

"Ruth Varnum è sempre stata nervosa come un sorcio; e, ora che ci penso, è stata lei la prima a vederli quando li raccolsero; successe proprio sotto la casa dell'avvocato Varnum, giù alla curva della strada di Corbury, proprio all'epoca in cui Ruth si fidanzò con Ned Hale. I giovani erano tutti amici tra di loro, e probabilmente lei non se la sente proprio di parlarne. Ha avuto abbastanza guai per conto suo."

Tutti gli abitanti di Starkfield, come succede anche in comunità più importanti, avevano avuto abbastanza guai per conto loro da divenire relativamente indifferenti a quelli dei vicini; e sebbene tutti ammettessero che i guai di Ethan Frome erano andati oltre la misura comune, pure nessuno mi diede la spiegazione di quell'espressione sul suo volto, espressione che, come insistevo a pensare, né la povertà né la sofferenza fisica potevano aver causato.

Ciononostante, mi sarei accontentato dei pezzi della storia messi insieme da questi accenni, se non fosse stato per la provocazione causata dal silenzio della signora Hale e - qualche tempo dopo - per il casuale incontro con Frome stesso.

Al mio arrivo a Starkfield, Denis Eady, il ricco droghiere irlandese che possedeva la cosa più simile a una scuderia di cavalli a noleggio del paese, si era accordato per farmi portare tutti i giorni a Corbury Flats, dove dovevo prendere il treno per il Bivio. Ma, verso la metà dell'inverno, i cavalli di Eady si ammalarono a causa di una epidemia locale. La malattia si estese alle altre scuderie, e per un giorno o due mi fu difficilissimo trovare un mezzo di trasporto. Allora Harmon Gow mi suggerì che il baio di Ethan Frome stava ancora in piedi, e che il suo padrone mi avrebbe dato volentieri un passaggio.

Io rimasi attonito. "Ethan Frome? Ma se non gli ho nemmeno parlato. Perché dovrebbe scomodarsi per me?"

La risposta di Harmon mi sorprese ancor di più: "Non so se lo vorrà fare, ma so che non gli dispiacerebbe guadagnare un dollaro".

Mi avevano detto che Frome era povero, e che il

mulino e gli aridi ettari di terra della sua fattoria rendevano appena il necessario per permettere alla famiglia di passare l'inverno; ma non pensavo che fosse in tali ristrettezze, come le parole di Harmon suggerivano, ed espressi il mio stupore.

"Be', le cose non gli sono andate bene" disse Harmon. "Quando un uomo sta lì come un pontone per vent'anni e più, vedendo il lavoro che sarebbe necessario fare, comincia a rodersi dentro e perde il coraggio. La fattoria dei Frome è sempre stata spoglia come la pentola del latte quando c'è il gatto in giro; e voi sapete cosa valgono oggi quei vecchi mulini. Quando Ethan poteva sudarci sopra dal sorger del sole fino a buio, in qualche modo riusciva a tirarci fuori da vivere; ma i familiari gli mangiavano tutto, anche allora, e non so proprio come possa fare adesso. Prima il padre si prese un calcio da un cavallo, mentre era fuori a fare il fieno, e il cervello gli si rammollì, e prima di morire dava via soldi come Bibbie. Poi sua madre divenne stramba e si trascinò per anni debole come un bambino; e sua moglie Zeena ha sempre avuto le mani in pasta con medici e medicine. Malattie e dispiaceri: ecco cosa è stata la porzione ben colma di Ethan, fin dalla prima portata."

La mattina dopo, quando guardai fuori, vidi il baio dalla groppa incavata tra gli abeti dei Varnum, ed Ethan Frome, gettando da parte la sua vecchia coperta di pelliccia, mi fece posto al suo fianco sulla slitta.

Dopo di ciò, per una settimana, mi portò ogni mattina a Corbury Flats, e al mio ritorno, nel pomeriggio, mi veniva a prendere e mi riportava a Starkfield nella notte gelida. La distanza da percorrere era sì e no di tre miglia, ma il passo del vecchio baio era lento, e anche quando la neve era solida sotto i pattini della slitta, ci impiegavamo quasi un'ora. Ethan Frome guidava in silenzio, le redini lente nella sinistra, e il suo bruno profilo, sotto il berretto a punta come un elmo, si stagliava contro i banchi di neve come la bronzea immagine di un eroe. Non rivolgeva mai il viso verso di me, né rispondeva, tranne che a monosillabi, alle domande che gli facevo o alle lievi facezie che tentavo di dire. Sembrava far parte del muto, malinconico paesaggio, una incarnazione del suo gelido dolore, con tutto ciò che di caldo e di sensibile vi era in lui ben sepolto sotto la superficie; ma non vi era nulla di ostile nel suo silenzio.

Sentivo semplicemente che viveva in una profondità di isolamento morale troppo vasta per potervi accedere casualmente, e avevo la sensazione che la sua solitudine non era soltanto il risultato della sua situazione personale, per quanto tragica potesse essere, ma aveva accumulato in sé, come aveva accennato Harmon Gow, il profondo freddo di molti inverni di Starkfield.

Solo una o due volte la distanza fra di noi fu annullata per un momento; quello che intravvidi confermò il mio desiderio di sapere di più su di lui. Una volta mi capitò di parlare di un lavoro di ingegneria che mi era stato affidato l'anno precedente in Florida, e del contrasto tra il paesaggio invernale che ci circondava e quello nel quale mi ero trovato l'anno prima; e con mia gran sorpresa, Frome disse improvvisamente:

"Sì, sono stato laggiù una volta, e per molto tempo dopo riuscii a rievocarne l'immagine in inverno. Ma ora è sepolta dalla neve".

Non disse altro, e dovetti indovinare il resto dall'inflessione della sua voce e dal suo brusco ritorno al silenzio.

Un altro giorno, salendo sul mio treno a Flats, mi accorsi che mi mancava un volume di divulgazione scientifica - credo trattasse di certe recenti scoperte di biochimica - che avevo portato con me per leggermelo in viaggio. Non ci pensai più, finché rimontai sulla slitta quella stessa sera, e vidi il libro nelle mani di Frome.

"Lo trovai dopo che eravate già partito" disse.

Misi il libro in tasca, e ritornammo al nostro solito silenzio; ma quando iniziammo lentamente la lunga salita da Corbury Flats a Starkfield, avvertii nel buio che egli aveva rivolto il viso verso di me.

"Vi sono delle cose in quel libro che non conoscevo affatto" disse.

Mi meravigliai, non tanto delle sue parole, quanto dello strano tono di risentimento nella sua voce. Egli era evidentemente sorpreso e leggermente rattristato dalla sua ignoranza.

"Questa specie di cose vi interessa?" chiesi.

"Una volta mi interessava."

"Vi sono una o due cose piuttosto nuove nel libro: si sono fatti dei grandi passi avanti, ultimamente, in questo particolare campo di ricerche."

Attesi un momento una risposta che non venne, poi dissi: "Se vi interessa dare un'occhiata al libro, ve lo lascio volentieri".

Egli esitò, e io ebbi l'impressione che si sentisse sul punto di cedere a una segreta ondata di inerzia; poi: "Grazie, lo prendo" rispose brevemente.

Sperai che questo fatto potesse stabilire una comunicazione più diretta tra di noi. Frome era così semplice e franco che la sua curiosità riguardo al libro, ne ero sicuro, era basata su un genuino interesse sull'argomento. Simili gusti e cognizioni in un uomo della sua condizione rendevano ancora più evidente il contrasto tra la sua situazione esteriore e le sue necessità interiori, e io speravo che l'occasione di poter dare espressione a queste ultime potesse almeno dissuggellare le sue labbra.

Ma qualche cosa nella storia del suo passato o nel suo attuale modo di vivere evidentemente lo aveva chiuso troppo profondamente in se stesso perché un impulso occasionale potesse riavvicinarlo alla sua specie.

Al nostro prossimo incontro egli non fece allusione al libro, e i nostri rapporti sembrarono destinati a rimanere negativi e unilaterali, come se non vi fosse stata alcuna interruzione del suo riserbo.

Era ormai circa una settimana che Frome mi portava a Flats, quando, una mattina, guardando fuori dalla finestra, vidi che nevicava fitto fitto. I bianchi cumuli di neve si ammassavano alti come onde contro la staccionata del giardino e lungo i muri della chiesa, il che significava che la tempesta doveva esser durata tutta la notte e che probabilmente la neve cadeva ancora assai fitta in campagna. Pensai che probabilmente il mio treno sarebbe stato in ritardo; ma quel pomeriggio dovevo andare alla centrale per un paio d'ore, e perciò decisi che, se Frome fosse venuto, ci saremmo spinti fino a Flats e lì avrei atteso finché il treno fosse arrivato. Non so perché espressi questo pensiero al condizionale, in quanto non dubitavo affatto che Frome sarebbe apparso. Non era il tipo d'uomo che si lasci distrarre dal suo lavoro dall'imperversare degli elementi; infatti, all'ora stabilita, vidi la sua slitta comparire tra la neve come un'apparizione su una scena, dietro veli sempre più fitti.

Cominciavo a conoscerlo troppo bene per esprimere meraviglia o gratitudine perché aveva mantenuto il suo impegno: ma mi sfuggì un'esclamazione di sorpresa quando vidi che dirigeva il cavallo in direzione opposta alla strada di Corbury.

"La ferrovia è bloccata da un treno merci fermato dalla tempesta di neve sotto Flats" spiegò mentre trotterellavamo nel gelido biancore.

"Ma, sentite, dove mi state portando?"

"Direttamente al Bivio, per la scorciatoia" rispose indicando la collina di School House con la frusta.

"Al Bivio, con questa tempesta? Ma saranno almeno dieci miglia!"

"Il baio ce la farà, se gli date tempo. Avete detto

che avete da fare laggiù oggi pomeriggio. Ci penso io a portarvici."

Lo disse così quietamente, che potei rispondere soltanto:

"Mi fate il più grande dei favori".

"Non c'è di che" rispose.

All'altezza della scuola la strada si biforcava, e noi ci inoltrammo giù per un sentiero sulla sinistra, tra rami curvati fino al tronco dal peso della neve.

Avevo spesso fatto delle passeggiate da quelle parti, la domenica, e sapevo che il tetto solitario che faceva capolino tra i rami spogli alla base della collina era quello del mulino di Frome. Aveva un aspetto morto e disabitato, con la sua grande ruota inerte sospesa sul nero torrente striato di spuma giallastra, e il gruppo di tettoie incurvate sotto il loro bianco peso. Quando vi passammo dinanzi, Frome non voltò nemmeno il capo, e sempre in silenzio cominciammo a salire il vicino pendio.

Un miglio più oltre, per una strada che non avevo mai percorso, giungemmo a un frutteto di meli esangui, che si ergevano contorti sulla groppa di una collina tra lastre di ardesia che sbucavano dalla neve come animali che cercassero di spingere fuori il muso per respirare. Al di là del frutteto, uno o due campi, i cui confini erano cancellati dalla nevicata; al di sopra dei campi, annidata nella bianca immensità della terra e del cielo, vi era una di quelle solitarie fattorie del New England che rendono il paesaggio ancora più squallido e triste.

"Quella è la mia casa" disse Frome con un cenno laterale del gomito paralizzato; e, nell'opprimente tristezza della scena, non seppi cosa rispondere. La neve aveva cessato di cadere, e un pallido raggio di sole rivelò la casa sul pendio sopra di noi in tutta la sua squallida bruttezza.

"La casa era più grande ai tempi di mio padre: ne ho dovuto abbattere un'ala tempo fa" continuò Frome, tirando la redine di sinistra per frenare l'evidente intenzione del baio di svoltare ed entrare per il cancello mezzo crollato.

Vidi allora che l'aspetto particolarmente triste e mutilo della casa era dovuto in parte alla mancanza di ciò che nel New England chiamano la L: quella lunga ala col tetto a spioventi che di solito è costruita ad angolo retto con il corpo centrale della casa, e che lo collega, attraverso rimesse e vani per gli attrezzi, alla legnaia, al fienile e alla stalla. Sia per il suo significato simbolico, cioè l'immagine che presenta di una vita legata alla terra e che racchiude in sé le fonti principali di calore e di nutrimento, sia semplicemente per il consolante pensiero che permette agli abitanti di andare al lavoro mattutino, in quel terribile clima, senza dover affrontare le intemperie, è comunque certo che la L, piuttosto che la casa stessa, sembra essere il centro, il vero focolare, della fattoria del New England.

Fu forse questa associazione di idee, che mi era spesso venuta in mente durante il mio vagabondare intorno a Starkfield, a farmi immaginare di sentire una nota di tristezza nelle parole di Frome, e a farmi vedere nella casa mutilata l'immagine del suo stesso corpo storpiato.

"Ora qui siamo isolati," aggiunse "ma vi era un notevole traffico per questa strada, prima che la ferrovia venisse prolungata fino a Flats."

Incitò il cavallo che cominciava a rallentare il passo con un altro strattone alle redini: poi, come se la sola visione della casa mi avesse portato tanto addentro alle sue confidenze da rendere inutile ogni ulteriore atteggiamento di riserva, continuò lentamente: "Ho sempre pensato che il peggior male di mia madre fosse da attribuirsi a ciò. Quando si prese i reumatismi così gravemente che non poteva più camminare, era solita sedere lassù a guardare la strada per ore e ore; e un anno, quando stettero sei mesi ad aggiustare la barriera di Bettsbridge dopo l'inondazione, e Harmon Gow fu costretto a percorrere questa strada con la sua diligenza, essa migliorò talmente che quasi ogni giorno scendeva fino al cancello per vederlo passare. Ma dal giorno in cui i treni cominciarono a funzionare, quasi nessuno passa più di qui, e mia madre non poté capire cosa era accaduto, e ciò la ossessionò fino a che morì".

Quando imboccammo la strada per Corbury, la neve ricominciò a cadere, di modo che non potemmo più vedere la casa; con essa cadde come un sipario anche il silenzio di Frome, e tra noi discese il solito velo di reticenza. Questa volta, con la ripresa della nevicata, il vento non cessò; invece rinforzò fino a divenire una bufera che ogni tanto gettava pallidi raggi di sole, da un cielo scomposto di nuvole, su un paesaggio caoticamente tormentato dal vento. Ma il baio fu all'altezza delle parole di Frome, e continuammo fino al Bivio in quello scenario bianco e selvaggio.

Nel pomeriggio la bufera si calmò, e la schiarita a ovest sembrò al mio occhio inesperto la promessa di una bella serata. Finii il mio lavoro il più presto possibile, e ripartimmo per Starkfield con buone probabilità di giungervi per cena. Ma al tramonto le nubi si ammassarono di nuovo, così che fece buio ancora più presto, e la neve ricominciò a cadere diritta e fitta da un cielo senza vento, in un'atmosfera ovattata che era ancor più sconcertante dei mulinelli di vento della mattina. Sembrava che fosse parte dell'oscurità crescente, che fosse la grande notte invernale che discendesse su di noi strato per strato.

Il debole raggio della lanterna di Frome presto non si vide più in questa atmosfera ovattata e irreale, in cui anche il senso di orientamento di Frome stesso e l'istinto del baio alla fine non ci furono più di aiuto. Due o tre volte apparve improvvisamente qualche spettrale pietra miliare ad avvertirci che eravamo fuori strada, e poi fu subito risucchiata nella nebbia; e quando finalmente ritrovammo la strada, il vecchio cavallo cominciò a dar segni di sfinimento. Mi sentivo colpevole per aver accettato l'offerta di Frome, e dopo una breve discussione lo persuasi a lasciarmi scendere dalla slitta e camminare nella neve a fianco del baio. In questo modo continuammo faticosamente per un altro paio di miglia, finché alla fine giungemmo a un punto in cui Frome, scrutando nella notte che a me sembrava assolutamente buia e senza forma, disse:

"Quello laggiù è il mio cancello".

L'ultimo pezzo di strada era stato il più faticoso. Il freddo pungente e la fatica del camminare nella neve mi avevano tolto le forze, e potevo sentire il fianco del cavallo pulsare e battere come un orologio sotto la mia mano.

"State a sentire, Frome," cominciai "è assolutamente inutile che andiate oltre." Ma egli mi interruppe:

"E nemmeno voi. Ne abbiamo tutti abbastanza, per oggi".

Compresi che mi offriva asilo per la notte alla fattoria, e senza rispondere varcai il cancello al suo fianco e lo seguii nel fienile, dove lo aiutai a togliere i finimenti al cavallo e a preparargli la paglia per la notte. Quando ciò fu fatto, egli sganciò la lanterna dalla slitta, uscì nella notte, e voltandosi mi disse:

"Da questa parte".

Lontano, sopra di noi, tremolava un quadratino di luce attraverso lo schermo della neve; barcollando sulle orme di Frome mi diressi verso di esso, e nel buio quasi caddi su uno dei grossi cumuli di neve addossati alla facciata della casa. Frome arrancò su per i gradini scivolosi del portico, aprendo un varco nella neve con i suoi pesanti scarponi. Poi alzò la lanterna, trovò la serratura e mi precedette in casa. Lo seguii lungo un basso, buio corridoio, alla fine del quale si ergeva nell'oscurità una scala. Alla nostra destra una riga di luce sul pavimento indicava la porta della stanza di cui avevamo visto la finestra illuminata nella notte; e dietro la porta udii una voce di donna risuonare lamentosamente. Frome batté i piedi sul liso incerato per scuotere la neve dagli scarponi, e posò la lanterna su una seggiola di cucina, che era l'unico mobile dell'ingresso. Poi aprì la porta.

"Entrate" disse, e appena parlò la voce querula si tacque . . . .

Quella notte conobbi il mistero di Ethan Frome, e cominciai a mettere insieme questo racconto della sua storia . . . .
. . . .
. . . .

I

Il villaggio era ricoperto dalla neve, e grandi mucchi ne erano ammassati agli angoli esposti al vento. Nel cielo di acciaio le punte dell'Orsa maggiore pendevano come ghiaccioli, e Orione faceva balenare i suoi freddi lampi. La luna era tramontata, ma la notte era così trasparente che le facciate bianche delle case, tra gli olmi, sembravano grigie contro la neve, i ciuffi dei cespugli sembravano grosse macchie nere, e dalle finestre a pianterreno della chiesa usciva un fascio di luce che illuminava a distanza il bianco terreno ondulato.

Il giovane Ethan Frome camminava a passo rapido per la strada deserta, passando davanti alla banca, al nuovo negozio di Michael Eady e alla casa dell'avvocato Varnum con i due neri abeti di Norvegia al cancello.

Di fronte al cancello dei Varnum, dove la strada scendeva verso la valle di Corbury, si innalzavano lo snello campanile e lo stretto peristilio della chiesa.

Mentre il giovane si avvicinava, le finestre alte disegnavano una nera arcata lungo il fianco della costruzione, ma da quelle basse, sul lato dove il terreno scendeva ripido fino alla strada di Corbury, uscivano fasci di luce che illuminavano molti solchi freschi sul viottolo che conduceva alla porta e rivelavano, sotto un'adiacente tettoia, una fila di slitte con i cavalli protetti da pesanti coperte.

La notte era perfettamente silenziosa, e l'aria era

così pura e asciutta che quasi non si sentiva il freddo.

La sensazione che tutto ciò destava in Frome era quella di una completa assenza di atmosfera, come se vi fosse solo l'etere tra la bianca terra sotto i suoi piedi e la volta metallica sopra il suo capo.

"È come essere sotto la campana di una macchina pneumatica scarica" pensò. Quattro o cinque anni prima aveva frequentato un corso di un anno alla scuola tecnologica di Worcester, e si era dato da fare nel laboratorio, con un simpatico professore di fisica; così, ogni tanto, inaspettatamente, gli tornavano in mente le immagini di quella sua esperienza, nonostante le associazioni di pensiero totalmente diverse nelle quali viveva da allora.

La morte del padre e le disgrazie che erano sopravvenute avevano stroncato prematuramente gli studi di Ethan; ma sebbene non avesse potuto seguirli abbastanza per farne un uso pratico, pure essi avevano alimentato la sua fantasia e lo avevano reso cosciente dei grandi misteriosi significati nascosti dietro la faccia quotidiana delle cose. Mentre camminava nella neve, il significato di questi misteri gli ardeva nella mente e si mescolava con l'energia fisica prodotta dalla veloce e decisa camminata.

Giunto in fondo al villaggio, si fermò dinanzi alla facciata buia della chiesa. Sostò un momento, respirando rapidamente e guardando giù per la strada, dove non si vedeva anima viva.

La discesa della strada di Corbury, al di sotto degli abeti dell'avvocato Varnum, era la pista favorita di Starkfield, e nelle serate serene risuonavano fino a tardi, all'angolo della chiesa, le voci e le grida dei ragazzi; ma quella notte nessuno slittino oscurava il biancore del lungo declivio. Il silenzio di mezzanotte avvolgeva il villaggio, e tutta la vita ne era raccolta dietro le finestre della chiesa, dalle quali, insieme ai grandi fasci di luce gialla, usciva il suono di una musica da ballo.

Il giovane, rasentando il fianco della costruzione, discese verso la porta. Per evitare la luce fece una deviazione sulla neve intatta e lentamente si avvicinò all'angolo più distante. Di qui, sempre restandosene nell'ombra, si diresse pian piano fino alla finestra più prossima e allungò il collo per dare un'occhiata nell'interno.

Visto così, dalla gelida e pura oscurità in cui egli si trovava, l'interno sembrava avvolto in una nebbia di calore. Gli specchietti di metallo che riflettevano le fiammelle del gas gettavano fredde onde di luce contro le pareti imbiancate, e sembrava che le fiancate di ferro della stufa in fondo alla sala si dilatassero per il calore di fuochi vulcanici. Il centro della sala era gremito di giovani e ragazze. Lungo le pareti di fronte alla finestra vi era una fila di seggiole da cucina, dalle quali si erano appena alzate le donne più anziane. La musica era cessata, e i suonatori - un violinista e la ragazza che suonava l'armonium alla domenica - stavano frettolosamente facendo uno spuntino su un angolo del tavolo da pranzo, carico di piatti di budino devastati e di zuppiere di gelato, sulla piattaforma in fondo alla sala.

Gli ospiti si preparavano ad andarsene, e già si erano incamminati verso il corridoio dove erano appesi cappotti e scialli, quando un giovanotto dal passo agile e con un ciuffo di capelli neri sulla fronte balzò nel mezzo della sala e batté le mani. Il segnale ebbe effetto istantaneo. I suonatori corsero ai loro strumenti, i danzatori - alcuni di essi già vestiti per andarsene - si disposero in due file lungo i lati della sala, gli spettatori più anziani si rimisero a sedere, e il vivace giovanotto, dopo aver cercato qua e là nella folla, prese per mano una ragazza che si era già avvolta una sciarpa rossa intorno alla testa, e conducendola al termine della pista da ballo, la fece danzare vorticosamente per tutta la lunghezza della sala al ritmo impetuoso di un ballo della Virginia.

Il cuore di Frome batteva forte. Aveva cercato di vedere tra la gente la nera testolina sotto la sciarpa rossa, e gli faceva rabbia che un altro occhio fosse stato più svelto del suo. Il giovanotto che conduceva la danza, che sembrava avere sangue irlandese nelle vene, ballava bene, e la sua compagna fu presa dal suo ritmo e dal suo entusiasmo. Mentre essa danzava lungo la fila, e la sua figurina snella volteggiava di mano in mano in circoli sempre più veloci, la sciarpa le cadde dal capo, posandosi sulle sue spalle, e Frome, a ogni volteggio, poteva vedere le sue labbra dischiuse e ridenti, la nube dei capelli neri intorno alla sua fronte, e i neri occhi, che sembravano gli unici punti fissi in una confusione di linee volanti.

I danzatori volteggiavano sempre più svelti, e i suonatori, per tenersi a tempo con loro, sforzavano i loro strumenti come fantini che frustino i loro cavalli sulla dirittura d'arrivo; eppure, al giovane che guardava dalla finestra sembrava che quella danza non finisse mai. Ogni tanto distoglieva gli occhi dal viso della fanciulla per guardare quello del suo compagno, che nell'euforia della danza aveva assunto uno sguardo di quasi impudente possesso.

Denis Eady era figlio di Michael Eady, l'ambizioso droghiere irlandese la cui sfrontatezza e abilità avevano dato a Starkfield la prima idea di cosa fossero i sistemi di commercio "brillanti", e il cui nuovo negozio costruito in mattoni stava a testimoniarne il successo. Il figlio dava l'impressione di volerne seguire le orme, e nel frattempo applicava quegli stessi sistemi per conquistare le ragazze di Starkfield. Fino allora Ethan Frome si era accontentato di considerarlo un tipo spregevole, ma adesso gli veniva voglia di frustarlo. Era strano che la fanciulla non sembrasse accorgersene: che potesse volgere il viso rapito verso quello del suo cavaliere, abbandonare le mani nelle sue, senza sentire l'offesa del suo sguardo e della sua stretta.

Frome aveva l'abitudine di andare a piedi fino a Starkfield per accompagnare a casa la cugina di sua moglie, Mattie Silver, nelle rare serate in cui la possibilità di qualche divertimento la attirava al villaggio. Era stata sua moglie a suggerire, quando la ragazza era andata a vivere con loro, che andasse ogni tanto a divertirsi. Mattie Silver veniva da Stamford, e quando entrò a far parte della famiglia Frome per aiutare sua cugina Zeena, decisero, siccome non veniva pagata, di cercar di mitigarle il forte contrasto tra il modo di vita che aveva lasciato e l'isolamento di una fattoria di Starkfield. Se non fosse stato per questo fatto - rifletteva sardonicamente Frome - a Zeena non sarebbe neppure venuto in mente di preoccuparsi per far divertire la ragazza.

Quando sua moglie propose di concedere ogni tanto a Mattie una serata di libertà, dentro di sé egli si era ribellato all'idea di doversi fare in più una camminata di due miglia, fino al villaggio e ritorno, dopo il duro lavoro della giornata nei campi; ma non molto tempo dopo era arrivato al punto di desiderare che Starkfield facesse baldoria ogni sera.

Mattie Silver viveva sotto il suo tetto da un anno, e dall'alba fino a che s'incontravano a cena, egli aveva spesso occasione di vederla; ma nessun istante in sua compagnia valeva quanto quello in cui, col braccio infilato nel suo e il leggero passo che si affrettava per mantenere il ritmo del suo, lungo e pesante, essi si incamminavano nella notte per far ritorno alla fattoria. Si era sentito attratto dalla ragazza fin dal primo giorno, quando era andato a prenderla in calesse fino a Flats, ed essa aveva sorriso dal treno e aveva agitato la mano in segno di saluto, gridando: "Tu devi essere Ethan!" mentre saltava giù dal treno con i suoi fagotti, e intanto lui rifletteva, guardando la sua snella personcina: "Non ha l'aspetto molto resistente per i lavori di casa, ma in ogni modo non è una che fa storie". Ma non era soltanto il fatto che la presenza nella sua casa di un po' di vita giovane e fresca equivaleva ad accendere il fuoco in un camino spento. La ragazza era qualcosa di più di una creatura servizievole e allegra, come lui l'aveva giudicata. Aveva anche occhi per vedere e orecchie per sentire: egli poteva mostrarle tante cose e dirle tante cose, e provare la gioia di sentire che tutto quello che le insegnava lasciava in lei echi di pensiero, che egli poteva ridestare a volontà.

Era proprio durante le loro camminate notturne fino alla fattoria che sentiva con maggiore intensità la dolcezza di questa comunione. Egli era sempre stato più sensibile della gente intorno a lui al fascino della bellezza naturale. Gli studi non completati avevano dato forma a questa sensibilità, e anche nei suoi momenti più infelici sentiva la profonda e potente voce suadente dei campi e del cielo.

Finora però questa emozione era rimasta chiusa dentro di lui come una pena silenziosa, che velava di malinconia la stessa bellezza che la suscitava. Non sapeva neppure se qualcun altro al mondo sentisse come lui, oppure se egli era l'unica vittima di questo triste privilegio. Poi venne a sapere che un'altra anima aveva tremato con lo stesso tocco di meraviglia: che al suo fianco vi era una creatura che viveva sotto il suo tetto e mangiava il suo pane, alla quale poteva dire: "Quello laggiù è Orione; quello grosso a destra è Aldebaran, e quel gruppo di api sono le Pleiadi..." Una creatura che poteva tenere incantata davanti a un masso di granito che si ergeva tra le felci, mentre egli le illustrava il grande panorama dell'età del ghiaccio e i lunghi, oscuri periodi del susseguirsi dei secoli. Il fatto che in Mattie l'ammirazione per la sua cultura si mescolasse alla meraviglia di ciò che egli le insegnava, costituiva una parte non trascurabile del suo piacere. Poi vi erano altre sensazioni, meno definibili ma più squisite, che li attiravano l'uno all'altra con un palpito di gioia silenziosa: un freddo rosso tramonto dietro le colline invernali, la fuga di un gregge di nuvole sui pendii di stoppie dorate, o le ombre intensamente azzurre degli abeti sulla neve illuminata dal sole. Quando una volta gli disse: "Sembra dipinto!" a Ethan parve che l'arte della definizione non potesse andare oltre, e che finalmente fossero state trovate parole per descrivere quello che sentiva nel suo animo...

Mentre se ne stava nell'oscurità fuori della chiesa, questi ricordi gli tornarono alla mente con la forza delle cose scomparse. Guardando Mattie volteggiare per la sala di mano in mano, si chiese come poteva mai aver pensato che i suoi noiosi discorsi potessero interessarla. A lui, che non era mai allegro tranne che con lei, la sua gaiezza sembrava una prova lampante di indifferenza. Il viso che essa alzava verso i suoi cavalieri era lo stesso che rivolgeva a lui quando lo vedeva, e che sembrava sempre una finestra che rifrangesse gli ultimi raggi del tramonto. Egli notò perfino due o tre gesti che, nella sua fatuità, aveva creduto fossero riservati per lui: un modo speciale di gettare il capo all'indietro quando era divertita, come per assaporare la sua risata prima di emetterla, e il vezzo di abbassare lentamente le palpebre quando qualcosa la incantava o la commoveva.

Quello che vide lo rese infelice, e la sua infelicità destò i suoi timori latenti. Sua moglie non si era mai mostrata gelosa di Mattie; ma ultimamente aveva brontolato sempre di più per i lavori domestici e aveva trovato modi indiretti di far notare l'incapacità della ragazza. Zeena era sempre stata quello che a Starkfield chiamavano "malaticcia", e Frome doveva ammettere che, se era davvero malata come credeva, avrebbe avuto bisogno dell'aiuto di un braccio più forte di quello che si posava così leggermente sul suo durante le camminate notturne fino alla fattoria. Mattie non aveva una disposizione naturale per i lavori domestici, e l'insegnamento che le avevano dato non era servito a rimediare a questo difetto. Imparava presto, ma dimenticava le cose e sognava a occhi aperti, e non era disposta a prendere la faccenda sul serio. Ethan era sicuro che se essa avesse sposato un uomo che amasse, l'istinto si sarebbe risvegliato e i suoi budini e i suoi biscotti sarebbero diventati l'orgoglio della contea; ma i lavori di casa in senso astratto non la interessavano. Dapprima era così maldestra che egli non poteva fare a meno di ridere; ma essa rideva con lui, e ciò li rendeva più amici. Egli faceva del suo meglio per sopperire alla sua poca abilità, alzandosi più presto del solito per accendere il fuoco in cucina, portando in casa la legna di notte, e trascurando il mulino per la fattoria, in modo da poterla aiutare in casa durante il giorno. Il sabato sera scendeva pian pianino per lavare il pavimento di cucina, dopo che le donne erano andate a letto; e Zeena, un giorno, lo aveva sorpreso alla zangola, e si era allontanata in silenzio, con una delle sue strane occhiate.

Ultimamente vi erano stati altri segni del suo sfavore, altrettanto intangibili ma più preoccupanti. Una fredda mattina d'inverno, mentre si stava vestendo nel buio, e la candela tremolava nella corrente della finestra che chiudeva male, la udì parlare dal letto dietro di lui.

"Il dottore non vuole che io sia lasciata senza qualcuno che mi aiuti" disse nel suo tono piatto e lamentoso. Egli aveva creduto che dormisse, e il suono della sua voce lo fece trasalire; ma accadeva a volte che essa improvvisamente si mettesse a parlare dopo lunghi intervalli di silenzio misterioso.

Egli si volse e la guardò, mentre giaceva, la figura appena delineata, sotto la scura imbottita di cotone, col viso ossuto che assumeva un colore grigiastro sullo sfondo bianco del cuscino.

"Nessuno che ti aiuti?" ripeté.

"Se dici che non ti puoi permettere di prendere una ragazza a salario, quando Mattie se ne va."

Frome si rivolse, e prendendo il rasoio, si chinò per vedere il riflesso della sua guancia tenuta tesa dalle dita nel vecchio specchio opaco che stava sopra il lavabo.

"E perché dovrebbe andarsene, Mattie?"

"Be', quando si sposa, voglio dire." Il lento tono lamentoso di sua moglie gli veniva da dietro le spalle.

"Oh, lei non ci lascerebbe mai finché tu ne avessi bisogno" rispose raschiandosi forte il mento col rasoio.

"Non vorrei mai che si dicesse che sono io a impedire che una povera ragazza come Mattie sposi un giovane brillante come Denis Eady" rispose Zeena in tono di lamentosa rinuncia. Ethan, fissando il proprio viso nello specchio, gettò all'indietro la testa per radersi dall'orecchio al mento. La sua mano era ferma, ma il gesto era un pretesto per non rispondere immediatamente.

"E il dottore non vuole che io sia lasciata senza qualcuno ad aiutarmi" continuò Zeena. "Voleva che ti parlassi di una ragazza della quale lui ha sentito parlare e che potrebbe venire..."

Ethan depose il rasoio, e si rizzò con una risata. "Denis Eady! Se è tutto qui, penso che non ci sia tanta fretta per cercare un'altra ragazza."

"Be', te ne vorrei parlare" disse Zeena ostinatamente. Egli si stava infilando i vestiti con fretta maldestra.

"Benissimo, ma ora non ho tempo; è già tardi" rispose, guardando il suo cipollone d'argento alla luce della candela. Zeena, accettando apparentemente le sue parole come conclusive, rimase sdraiata, osservandolo in silenzio mentre si tirava le bretelle sulle spalle e infilava le braccia nella giacca; ma mentre egli si incamminava verso la porta, disse, improvvisamente e incisivamente:

"Immagino che sarai sempre in ritardo, ora che ti fai la barba tutte le mattine".

Questa stoccata lo aveva spaventato più di qualsiasi vaga insinuazione circa Denis Eady. Era vero che da quando era venuta Mattie Silver aveva preso l'abitudine di farsi la barba tutte le mattine; ma sembrava sempre che sua moglie dormisse, quando la lasciava nell'oscurità invernale, ed egli stupidamente aveva creduto che essa non avrebbe notato alcun cambiamento nel suo aspetto. Un paio di volte, in passato, era stato vagamente allarmato dal modo di Zenobia di lasciare che le cose accadessero senza mostrare di notarle, e poi, settimane dopo, con una frase casuale, di rivelare che le aveva osservate tutto il tempo e ne aveva tirato le sue conclusioni.

Ultimamente, però, non vi era stato posto nei suoi pensieri per simili vaghe apprensioni. Zeena stessa, da realtà opprimente che era, era divenuta per lui una specie di ombra immateriale. Tutta la sua vita era concentrata nel vedere e udire Mattie Silver, e non la poteva ormai concepire diversamente. Ora però, mentre se ne stava fuori dalla chiesa, e vedeva Mattie volteggiare nella danza con Denis Eady, tanti accenni e minacce che non aveva considerato al momento gli s'insinuarono nella mente come una nera nube...

II

Mentre i giovani e le ragazze uscivano dalla sala, Frome, ritirandosi dietro la porta esterna che era aperta, osservò la gente dividersi in gruppi buffamente infagottati, nei quali il raggio di una lanterna che si muoveva illuminava ogni tanto un volto animato e arrossato dal mangiare e dal ballare. Gli abitanti del villaggio, che erano a piedi, furono i primi a salire il pendio fino alla strada principale, mentre quelli che vivevano nelle campagne circostanti cominciarono lentamente a sistemarsi nelle loro slitte, sotto la tettoia.

"Non vai in slitta, Mattie?" chiamò una voce di donna dal fondo del gruppo sotto la tettoia, e il cuore di Ethan dette un balzo. Da dove stava non poteva vedere le persone che uscivano dalla sala finché non avevano avanzato di qualche passo oltre i battenti di legno della porta; ma attraverso gli interstizi di questa udì una voce cristallina rispondere: "No davvero! Non in una notte simile!"

Allora era lì, vicino a lui, separata solo da una sottile asse. Tra un attimo si sarebbe avanzata nella notte, e gli occhi di Ethan, abituati all'oscurità, l'avrebbero vista così distintamente come se fosse stato giorno. Un'ondata di timidezza lo fece ritrarre nel buio angolo del muro, e se ne stette lì in silenzio invece di avvertirla della sua presenza. Era stato uno dei miracoli dei loro rapporti: fin dall'inizio lei, la più svelta, la più fine, la più espressiva, invece di opprimerlo per il contrasto, gli aveva dato qualcosa della propria spontaneità e scioltezza; ma in questo momento si sentiva pesante e zotico come nei suoi giorni di studente, quando cercava di "tenere allegre" le ragazze di Worcester durante una gita.

Frome rimase nascosto, ed essa uscì sola e si fermò a pochi metri da lui. Era quasi l'ultima a lasciare la sala, e si guardò intorno con incertezza, come se si chiedesse perché lui non si faceva vedere. Poi si avvicinò la sagoma di un uomo, e le venne così vicino che, sotto i loro indumenti informi, sembravano fusi in un unico vago contorno.

"Il tuo amico ti ha piantata? Via, Matt, è grave! No, non sarò così meschino da dirlo alle altre ragazze. Non sono così infame." (Come Frome odiava questo banale chiacchierio!) "Ma guarda però, non è una fortuna che io abbia qui la slitta di mio padre ad aspettarci?"

Frome udì la voce della ragazza, gaiamente incredula:

"E che mai ci fa qui la slitta di tuo padre?"

"Be', aspetta che io faccia una corsa. Ho anche il puledro roano. Me la sentivo che avrei avuto voglia di fare una corsa stanotte." Eady, nel suo trionfo, tentò di mettere una nota sentimentale nella voce millantatrice.

La ragazza sembrò esitare, e Frome la vide rigirare l'orlo della sciarpa intorno alle dita, con indecisione. Per nulla al mondo le avrebbe fatto un segno, sebbene gli sembrasse che la sua vita dipendesse dal prossimo gesto di lei.

"Aspetta un momento, finché sciolgo il cavallo" le gridò Denis facendo un balzo verso la tettoia.

Essa stette perfettamente immobile, seguendolo con lo sguardo, in un atteggiamento di tranquilla attesa che era una tortura per Frome, che la osservava dal suo nascondiglio. Frome notò che essa non volgeva più il capo a destra e a sinistra come per scrutare nella notte, nella speranza di veder comparire un'altra persona. Lasciò che Denis Eady conducesse fuori il cavallo, salisse sulla slitta e gettasse indietro la coperta di pelle d'orso per farle posto al suo fianco; poi, con un rapido movimento di fuga, si volse indietro e si slanciò su per il pendio verso la facciata della chiesa.

"Addio! Ti auguro una bella corsa!" gli gridò. Denis rise e spronò il cavallo così da raggiungere in un attimo la sua figuretta che si allontanava.

"Su, vieni! Salta su, svelta! Questa curva è terribilmente scivolosa" egli gridò, curvandosi per tenderle una mano. Essa gli rispose con una risata: "Buona notte! Non ci vengo". In questo frattempo si erano allontanati fuori portata dell'orecchio di Frome, ed egli poteva solo seguire nel buio la pantomima delle loro figure mentre continuavano a muoversi lungo la cresta del pendio sopra di lui. A un certo punto vide Eady saltar giù dalla slitta e andare verso la fanciulla con le redini sul braccio. Tentò di infilare l'altro braccio in quello della ragazza: ma essa lo eluse agilmente, e il cuore di Frome, che era stato sospeso come su un nero baratro, tornò tremando al sicuro. Un momento dopo udì il tintinnare dei campanelli della slitta che si allontanava, e vide una figuretta avanzare sola verso il deserto spiazzo di neve dinanzi alla chiesa.

Nell'ombra nera degli abeti dei Varnum egli la raggiunse, ed essa si volse con un rapido: "Oh!"

"Pensavi che ti avessi dimenticata, Matt?" egli chiese con docile gioia.

Essa rispose seriamente: "Pensavo che forse non eri potuto venire a prendermi".

"Non esser potuto? E cosa al mondo me lo potrebbe impedire?"

"Sapevo che Zeena non stava troppo bene, oggi."

"Oh, è a letto da tempo." Tacque, mentre una domanda si faceva avanti dentro di lui. "Allora pensavi di tornare a casa a piedi tutta sola?"

"Oh, io non ho paura!" rise.

Stettero fermi, vicini, nell'ombra degli abeti, mentre un mondo vuoto scintillava intorno a essi, vasto e grigio sotto le stelle. Egli fece la sua domanda:

"Se pensavi che non fossi venuto, perché non ti sei fatta portare da Denis Eady?"

"Ma come, dove eri? Come lo sai? Io non ti ho visto!"

La sorpresa di lei e la risata di Frome corsero insieme come rivoletti di primavera quando viene lo sgelo. Ethan aveva la sensazione di aver fatto qualcosa di grande e ingegnoso. Per prolungare l'effetto, cercò una frase brillante, e riuscì a dire, con un ringhio di felicità: "Vieni". Infilò il braccio in quello di lei, come aveva fatto Eady, e gli sembrò di sentire che fosse leggermente premuto contro il suo fianco; ma nessuno dei due si mosse. Era così buio sotto gli abeti che egli poteva appena distinguere il contorno della testa di lei vicino alla sua spalla. Desiderò ardentemente di chinare la guancia e di premerla contro la sciarpa di lei. Avrebbe voluto stare lì in piedi con lei tutta la notte, nell'oscurità! Essa mosse un passo o due in avanti, e poi si fermò di nuovo, sopra la discesa della strada di Corbury. Il pendio ghiacciato era solcato da innumerevoli tracce di slitte, e sembrava uno specchio graffiato dai viaggiatori, in un'osteria.

"Ve n'erano tanti a fare le corse con gli slittini, prima che la luna tramontasse" disse lei.

"Ti piacerebbe venirci qualche sera a fare le corse con loro?"

"Oh, davvero, Ethan? Sarebbe meraviglioso!"

"Verremo domani, se ci sarà la luna."

Essa indugiò, stringendosi ancor più al suo fianco.

"Ned Hale e Ruth Varnum quasi andavano a sbattere contro il grande olmo in fondo. Eravamo tutti sicuri che si fossero ammazzati." Il suo brivido si comunicò al braccio di Frome. "Non sarebbe stato atroce? Sono così felici!"

"Oh, Ned non è bravo come timoniere. Penso di farcela a portarti fin giù sana e salva!" disse egli, sprezzantemente.

Si rendeva conto che stava facendo lo sbruffone, come Denis Eady; ma la sua reazione di gioia gli aveva fatto perdere l'equilibrio, e il tono di voce con cui essa aveva detto dei fidanzati: "Sono così felici!" faceva sembrare che pensasse a se stessa e a lui.

"L'olmo è davvero pericoloso, però. Dovrebbero tagliarlo" essa insistette.

"Ne avresti paura, con me?"

"Ti ho detto che non sono il tipo da aver paura" essa rispose, quasi con indifferenza; e improvvisamente cominciò a camminare con passo rapido.

Questi cambiamenti di umore erano nello stesso tempo la gioia e la disperazione di Ethan Frome. I moti della sua mente erano imprevedibili come lo svolazzare di un uccello tra i rami. Il fatto che egli non aveva alcun diritto di dimostrarle i suoi sentimenti, e provocare così la reazione e la risposta di lei, gli faceva attribuire un'importanza incredibile a ogni mutamento nel suo sguardo e nella sua voce. Un momento pensava che essa lo capisse, e aveva paura; il momento dopo invece era sicuro che essa non lo comprendeva, e si disperava. Quella sera, l'accumularsi di sensazioni incerte fece pendere la bilancia dalla parte della disperazione, e l'indifferenza di lei era ancor più raggelante dopo l'impeto di gioia che aveva suscitato in lui mandando via Denis Eady. Salì la collina di School House al suo fianco, e continuò a camminare in silenzio, finché raggiunsero il sentiero che portava al mulino; poi, il bisogno di qualche rassicurazione definitiva si impadronì di lui.

"Mi avresti trovato subito, se non fossi tornata indietro per quell'ultimo ballo con Denis" disse goffamente. Non riusciva a pronunciare quel nome senza che gli si irrigidissero i muscoli della gola.

"Ma Ethan, come facevo a sapere che eri lì?"

"Suppongo che quello che la gente dice sia vero" emise con sforzo, invece di rispondere.

Essa si fermò di colpo, ed egli sentì, nel buio, il viso di lei volgersi rapidamente verso il suo. "Perché, cosa dice la gente?"

"È abbastanza naturale che tu ci lasci" egli continuò, seguendo il suo pensiero.

"Questo è quello che dicono" lo prese in giro lei; poi, la sua dolce voce cristallina si abbassò:

"Vuoi dire che Zeena non mi vuole più?" balbettò. Le loro braccia si erano sciolte ed essi se ne stavano immobili, ognuno cercando di distinguere il volto dell'altro.

"Lo so che non sono brava come dovrei essere" essa continuò, mentre egli invano cercava di dire qualcosa. "Ci sono tante cose che una ragazza salariata potrebbe fare, che a me riescono ancora difficili, e non ho molta forza nelle braccia. Ma se soltanto lei me lo dicesse, proverei. Lo sai che non dice mai niente, e a volte lo vedo che non è contenta, ma non so il perché." Si volse verso di lui con un improvviso impeto di indignazione. "Avresti dovuto dirmelo, Ethan Frome. Avresti dovuto! A meno che anche tu voglia che io me ne vada..."

A meno che anch'egli volesse che lei se ne andasse! Quel grido era un balsamo per la sua ferita sanguinante. Il cielo di acciaio sembrò sciogliersi e far cadere una pioggia di dolcezza. Di nuovo cercò disperatamente la parola che potesse esprimere tutto quello che sentiva, e di nuovo, col braccio infilato in quello di lei, trovò modo di emettere solo un profondo: "Vieni".

Continuarono a camminare in silenzio nell'oscurità del sentiero ombreggiato dagli abeti, da cui, nella notte, si vedeva vagamente il mulino di Ethan, e poi uscirono di nuovo nel relativo chiarore dei campi. Dall'altra parte della cinta di abeti si stendeva ondulata dinanzi a loro la campagna aperta, grigia e solitaria sotto le stelle. A volte il sentiero li portava sotto l'ombra di una scarpata o attraverso la sottile oscurità di un gruppo di alberi spogli. Qua e là si vedeva, lontana nei campi, una fattoria, muta e fredda come una pietra tombale. La notte era così silenziosa che sentivano la neve gelata scricchiolare sotto i loro piedi. Il rumore della neve che cadeva da un ramo carico lontano nei boschi echeggiava come un colpo di moschetto, e a un certo punto una volpe abbaiò, e Mattie si strinse vicino a Ethan e accelerò il passo.

Alla fine videro il gruppo di larici al cancello di Ethan, e mentre vi si avvicinavano la coscienza che la camminata era finita ridiede la parola a Ethan.

"Allora non ci vuoi lasciare, Matt?"

Egli dovette abbassare la testa per afferrare il suo soffocato bisbiglio:

"E dove potrei andare, se vi lasciassi?"

La risposta gli diede una fitta al cuore, ma il tono lo riempì di gioia. Dimenticò cosa altro voleva dire, e la strinse contro di sé, così vicina che gli sembrò di sentire il calore di lei nelle sue vene.

"Non piangi mica, vero, Matt?"

"No, certo che no" tremò la voce di lei. Varcarono il cancello e passarono sotto il monticello ombroso dove, racchiuse da una bassa siepe, stavano le pietre tombali dei Frome, disposte in strane posizioni nella neve. Ethan le guardò curiosamente. Per anni e e anni quella tranquilla compagnia si era beffata della sua inquietudine, del suo desiderio di cambiamento e di libertà.

"Noi non ce l'abbiamo mai fatta ad andarcene, e come potresti tu?" sembrava stesse scritto su ogni lapide; e tutte le volte che entrava o usciva dal cancello, pensava con un brivido: "Anch'io continuerò a vivere qui finché li raggiungerò".

Ma ora il suo desiderio di cambiamento era sparito, e la vista del piccolo recinto gli dava una calda sensazione di continuità e di stabilità.

"Penso che non ti lasceremo mai andar via, Matt" egli bisbigliò, come se anche i morti, che una volta avevano amato, dovessero cospirare con lui per trattenerla; e camminando vicino alle tombe, egli pensò: "Vivremo per sempre insieme, e un giorno essa giacerà qui vicino a me".

Lasciò che questa visione lo prendesse tutto mentre salivano la collina verso la casa. Egli non era mai così felice con lei come quando si abbandonava a questi sogni. A metà salita Mattie inciampò in qualche ostacolo che non aveva visto, e si aggrappò alla manica di Ethan per riprendere l'equilibrio. L'ondata di calore che lo pervase fu come il prolungarsi della sua visione. Per la prima volta egli passò il braccio intorno a lei, ed essa non fece resistenza. Continuarono a camminare come se fossero librati su un fiume in estate.

Zeena andava sempre a letto appena finito di cenare, e le finestre della casa, prive di persiane, erano buie. Una morta pianta di cetriolo rampicante pendeva dal portico come il nastro a lutto legato a un uscio in segno di morte, e un pensiero balenò nella mente di Ethan: "Se fosse per Zeena..." Poi vide con chiarezza nella sua mente la moglie che giaceva addormentata nella camera da letto, con la bocca leggermente aperta, e la dentiera in un bicchiere vicino al letto...

Girarono intorno alla casa tra i rigidi cespugli di ribes. Zeena aveva l'abitudine, quando tornavano tardi dal villaggio, di lasciare la chiave della porta di cucina sotto lo stuoino. Ethan si fermò davanti alla porta, con la testa piena di sogni e il braccio ancora intorno a Mattie.

"Matt..." cominciò, senza sapere cosa voleva dire. Essa si sciolse dal suo abbraccio senza parlare ed egli si chinò a cercare la chiave.

"Non c'è!" disse, rizzandosi con un moto di sorpresa. Cercarono di guardarsi attraverso la gelida oscurità. Una cosa simile non era mai accaduta prima d'allora.

"Forse l'ha dimenticata" disse Mattie con un tremulo bisbiglio; ma ambedue sapevano che Zeena non era persona da dimenticarsene.

"Potrebbe essere caduta nella neve" continuò Mattie dopo una pausa in cui erano stati intenti ad ascoltare.

"Allora dev'essere stata spinta via" rispose egli nello stesso tono. Un altro selvaggio pensiero lo pervase. E se fossero venuti dei girovaghi, e se...

Di nuovo ascoltò, poiché gli sembrava di udire un rumore distante nella casa; poi cercò in tasca i fiammiferi, e, inginocchiatosi, passò lentamente la luce sui bordi di neve intorno allo scalino.

Era ancora inginocchiato quando i suoi occhi, che erano a livello del pannello inferiore della porta, videro un debole raggio luminoso sotto di essa. Chi poteva essere che si muoveva in quella casa silenziosa? Udì un passo sulle scale, e di nuovo per un attimo il pensiero dei girovaghi si impadronì di lui. Poi la porta si aprì, ed egli vide sua moglie.

Essa si ergeva alta e angolosa contro lo sfondo scuro della cucina, e con una mano teneva una coperta imbottita stretta al petto avvizzito, mentre nell'altra reggeva un lume. La luce, all'altezza del suo mento, faceva risaltare dall'oscurità la gola grinzosa e il polso sporgente della mano che teneva la coperta, e approfondiva fantasticamente gli incavi e le sporgenze della sua faccia ossuta sotto la cornice dei bigodini.

A Ethan, che era ancora nell'atmosfera rosea dell'ora passata con Mattie, questa visione si presentò con la precisione intensa dell'ultimo sogno prima del risveglio. Gli sembrò di non aver mai saputo prima di allora che aspetto avesse sua moglie.

Essa si tirò in disparte senza parlare, e Mattie ed Ethan entrarono nella cucina, in cui si sentiva il freddo mortale di una cripta dopo il gelo asciutto della notte.

"Penso che tu ti sia dimenticata di noi, Zeena" Ethan cercò di scherzare, battendo gli scarponi per scuotere la neve.

"No. Mi sentivo così male che non potevo dormire." Mattie venne avanti levandosi i suoi scialli, con il colore della sciarpa vermiglia sulle fresche labbra e sulle guance. "Mi dispiace tanto, Zeena! Posso fare qualcosa?"

"No; niente." Zeena le voltò le spalle. "Avresti potuto toglierti la neve fuori di casa" disse al marito.

Li precedette fuori dalla cucina, e fermandosi nell'ingresso alzò la lampada col braccio teso come per far loro luce su per le scale.

Anche Ethan si fermò, fingendo di cercare a tentoni l'attaccapanni sul quale appendeva il cappotto e il berretto. Le porte delle due camere da letto stavano una di fronte all'altra sullo stretto pianerottolo superiore, e quella sera gli ripugnava in modo particolare che Mattie lo vedesse seguire Zeena in camera.

"Credo che non salirò subito" disse, volgendosi come per tornare in cucina. Zeena si fermò e lo guardò. "Ma santo cielo... cosa vuoi fare quaggiù?"

"Devo rivedere i conti del mulino."

Essa continuò a fissarlo, mentre la luce della lampada illuminava con crudeltà e microscopica precisione le linee inquiete del suo viso.

"A quest'ora di notte? Ti prenderai un malanno. Il fuoco è spento da tempo."

Senza rispondere, egli si diresse verso la cucina, e il suo sguardo incontrò quello di Mattie; gli sembrò di vedere un fuggevole allarme attraverso le sue ciglia. L'attimo dopo esse si abbassarono sulle guance in fiamme, ed ella cominciò a salire la scala davanti a Zeena.

"Davvero. Fa un freddo cane quaggiù" assentì Ethan; e a testa bassa salì dietro a sua moglie, e la seguì attraverso la soglia della loro camera.

III

Bisognava caricare del legname in fondo al recinto della legna, ed Ethan si alzò presto il giorno dopo. La mattina d'inverno era chiara come cristallo. Il sorgere del sole infuocava il cielo terso, le ombre all'orlo del recinto erano azzurro scuro, e oltre i campi bianchi e scintillanti, tratti di foresta lontana sembravano fumo nell'aria.

Era nel silenzio della mattina presto, quando i suoi muscoli venivano messi in azione dal lavoro abituale e i polmoni si espandevano con lunghe boccate di aria di montagna, che Ethan poteva pensare chiaramente. Lui e Zeena non avevano scambiato parola dopo che la porta della camera si era chiusa dietro di loro. Essa si era versata alcune gocce di una medicina che stava su una seggiola accanto al letto, e dopo averle inghiottite, ed essersi avvolta il capo in un pezzo di flanella gialla, si era coricata voltandogli la schiena. Ethan si era spogliato in fretta e aveva spento il lume, così da non vederla quando si sdraiava al suo fianco. Mentre giaceva a letto, poteva udire Mattie che si muoveva nella sua stanza, e la sua candela mandava un tenue bagliore attraverso il pianerottolo, disegnando una linea appena percettibile di luce sotto la porta. Egli tenne gli occhi fissi su quel barlume finché sparì. Allora la camera divenne perfettamente buia, e non si udì più alcun suono tranne il respiro asmatico di Zeena. Ethan sentì confusamente che vi erano molte cose alle quali avrebbe dovuto pensare, ma nelle sue vene vibranti e nel suo cervello stanco pulsava solo una sensazione: il calore della spalla di Mattie contro la sua. Perché non l'aveva baciata mentre la teneva stretta? Un paio d'ore prima non si sarebbe posto questa domanda. Anche solo pochi minuti prima, quando erano soli dinanzi alla casa, egli non avrebbe osato pensare di baciarla. Ma da quando aveva visto le labbra di Mattie nella luce della lampada aveva sentito che erano sue.

E ora, nella fresca aria mattutina, il suo viso era ancora davanti a lui. Faceva parte del sole infuocato e del puro scintillio della neve. Com'era cambiata la ragazza da quando era giunta a Starkfield! Ricordava la sua personcina incolore quando era andato a prenderla alla stazione. E tutto il primo inverno, come aveva tremato di freddo quando le bufere di tramontana scuotevano le sottili assi della casa e la neve batteva come grandine contro le finestre sconnesse!

Egli aveva temuto che essa avrebbe odiato quella vita dura, il freddo e la solitudine; ma non un cenno di malcontento le era sfuggito.

Zeena era del parere che Mattie dovesse per forza abituarsi a Starkfield poiché non aveva alcun altro posto dove andare; ma questo ragionamento non sembrava conclusivo a Ethan; Zeena, in ogni caso, non applicava questo principio a se stessa.

Gli dispiaceva ancora di più per la ragazza perché la sfortuna l'aveva, in un certo senso, legata a loro. Mattie Silver era figlia di un cugino di Zenobia Frome, il quale aveva suscitato nella sua famiglia sentimenti misti di invidia e ammirazione scendendo dalle colline al Connecticut, dopo aver sposato una ragazza di Stamford, e aveva preso il posto del padre di lei nel loro fiorente commercio di drogheria. Purtroppo Orin Silver, uomo di mire ambiziose, era morto troppo presto per dimostrare che il fine giustifica i mezzi. Il suo libro di conti rivelò solamente quelli che erano stati i mezzi; e questi erano stati tali che fu una fortuna per la moglie e per la figlia che esso fosse esaminato dopo l'imponente funerale. Sua moglie ne morì, e Mattie, a vent'anni, fu lasciata sola ad aprirsi una strada nella vita con i cinquanta dollari ricavati dalla vendita del suo pianoforte. La sua preparazione, per quanto varia, non era adeguata a questo scopo. Sapeva guarnire un cappello, fare dolci di melassa, recitare *Questa notte non suonerà il coprifuoco*, e suonare *L'accordo perduto* e un *pot-pourri* della *Carmen*. Quando cercò di estendere il campo delle sue attività alla stenografia e alla contabilità, la sua salute non resse e i sei mesi passati in piedi dietro al banco di un negozio non la aiutarono a riprendersi. I parenti più stretti erano stati indotti a mettere i loro risparmi nelle mani di suo padre, e sebbene, dopo la sua morte, essi adempissero al dovere cristiano di rendere bene per male dando alla figlia tutti i buoni consigli che avevano a disposizione, non si poteva pretendere da loro che li rinforzassero anche con aiuti materiali. Ma quando il medico di Zenobia la consigliò di cercare qualcuno che la aiutasse nei lavori di casa, la famiglia vide subito l'occasione di esigere un indennizzo da Mattie.

Zenobia, sebbene dubbiosa sulle capacità della ragazza, fu tentata dalla possibilità di criticare senza il rischio di perderla; e così Mattie venne a Starkfield.

Le critiche di Zenobia erano del tipo silenzioso, ma non per questo meno penetranti. Durante i primi mesi Ethan si sentiva bruciare dal desiderio di vedere Mattie reagire, e nello stesso tempo tremava per timore del risultato. Poi la situazione divenne meno tesa. L'aria fine, le lunghe ore all'aperto durante l'estate ridiedero vita ed elasticità a Mattie, e Zeena, che aveva più tempo da dedicare ai suoi complicati malanni, divenne meno critica sulle mancanze della ragazza; e così Ethan, che lottava sotto il peso della fattoria sterile e del mulino che non rendeva, poté almeno immaginare che nella sua casa regnasse la pace.

In realtà non vi era nemmeno ora alcuna prova tangibile del contrario; ma, dalla notte precedente, un vago terrore si era profilato all'orizzonte. Era causato dall'ostinato silenzio di Zeena, dall'improvviso sguardo di allarme di Mattie, dal ricordo di piccoli avvertimenti impercettibili e fuggevoli come quelli che gli dicevano, in certe radiose mattine, che prima di sera avrebbe piovuto.

Il suo timore era così forte che, in modo tipicamente maschile, cercò di posporre la certezza. Finì di caricare solo a mezzogiorno, e siccome il legname doveva essere consegnato a Andrew Hale, l'impresario di Starkfield, trovò più semplice mandare Jotham Powell, il suo bracciante, a piedi alla fattoria, ed egli stesso portare giù al villaggio il carico col carro. Si era arrampicato sui tronchi, e vi si era seduto a cavalcioni, vicino ai suoi malandati cavalli grigi, quando, tra lui e i loro colli fumanti, si delineò chiara la visione dello sguardo di allarme che Mattie gli aveva lanciato la sera precedente.

"Se ci devono essere dei guai è meglio che io sia lì" rifletté vagamente, mentre all'improvviso ordinava a Jotham di staccare i cavalli e riportarli nella stalla.

Fu un faticoso e lento camminare fino a casa attraverso i campi, e quando i due uomini entrarono nella cucina Mattie stava levando il caffè dal fornello e Zeena era già a tavola. Vedendola, suo marito si fermò di colpo. Invece della solita vestaglia di cotone e dello scialle fatto a maglia, essa aveva indosso il vestito buono di lana marrone, e sulle rade ciocche di capelli, che ancora conservavano l'ondulazione dei bigodini, si ergeva un berretto perpendicolare, del quale Ethan ricordava soltanto che lo aveva dovuto pagare cinque dollari all'emporio di Bettsbridge. Sul pavimento vicino a lei vi era la sua vecchia valigia e una scatola avvolta in carta di giornale.

"Come mai, dove vai, Zeena?" esclamò.

"I dolori mi si sono talmente acuiti che vado a Bettsbridge; passerò la notte dalla zia Martha Pierce e andrò da quel nuovo dottore che hanno" essa rispose in tono casuale e positivo, come se avesse detto che andava nella dispensa a dare un'occhiata alle marmellate, oppure in soffitta a ispezionare le coperte.

Nonostante le sue abitudini sedentarie, simili improvvise decisioni non erano senza precedenti nella storia di Zeena. Due o tre volte prima d'allora essa aveva improvvisamente fatto la valigia, la valigia di Ethan, ed era partita per Bettsbridge, o anche per Springfield, per farsi visitare da qualche nuovo dottore, e suo marito era terrorizzato da queste spedizioni perché gli costavano care. Zeena ritornava sempre carica di medicine costose, e la sua ultima visita a Springfield era stata commemorata col pagamento di venti dollari per una batteria elettrica che essa non era mai riuscita ad adoperare. Ma al momento la sua sensazione di sollievo fu così grande da precedere ogni altro pensiero.

Ora non aveva più dubbi che Zeena avesse detto la verità, la notte precedente, quando gli aveva spiegato che era rimasta alzata perché si sentiva "troppo male" per dormire: la decisione improvvisa di andare da un medico dimostrava che, come al solito, essa era totalmente concentrata sulla sua salute.

Come se si aspettasse una protesta, essa continuò lamentosamente:

"Se sei troppo occupato col carico del legname, penso che mi puoi far portare da Jotham Powell col sauro, in tempo per prendere il treno a Flats".

Suo marito sentì appena quello che essa diceva. Durante i mesi invernali non vi era servizio di diligenza tra Starkfield e Bettsbridge, e i treni che si fermavano a Corbury Flats erano lenti e poco frequenti. Dopo un rapido calcolo Ethan concluse che Zeena non poteva essere di ritorno alla fattoria prima della sera seguente...

"Se avessi pensato che tu avresti fatto obiezione a che Jotham Powell mi porti..." essa cominciò di nuovo, come se il silenzio di lui avesse implicitamente espresso un rifiuto. Al momento della partenza essa era sempre presa da un torrente di parole. "Io so soltanto" continuò "che non posso continuare ad andare avanti così per molto. I dolori ora mi arrivano fino alle caviglie, se no me ne sarei andata a piedi piuttosto che scomodarti, e avrei chiesto a Michael Eady di darmi un passaggio sul suo carro fino a Flats, quando va al treno a prendere la sua merce. Avrei dovuto aspettare due ore alla stazione, ma lo avrei fatto, piuttosto che sentirti dire..."

"Certo che Jotham ti condurrà." Ethan si scosse per rispondere. Improvvisamente si accorse che stava guardando Mattie mentre Zeena gli parlava, e con uno sforzo volse gli occhi verso la moglie. Essa era seduta di fronte alla finestra, e la pallida luce riflessa dalla neve faceva sembrare il suo viso ancora più tirato ed esangue, acuiva le tre rughe parallele tra l'orecchio e la guancia e disegnava linee querule tra il naso sottile e gli angoli della bocca. Sebbene fosse solo sette anni più vecchia di suo marito (ed egli non ne aveva che ventotto), era già una donna vecchia.

Ethan cercò di dire qualcosa di adatto all'occasione, ma aveva un solo pensiero in mente: il fatto che, per la prima volta da quando Mattie era venuta a vivere con loro, Zeena sarebbe stata assente per una notte. Si chiedeva se anche la ragazza stesse pensando a questo...

Egli sapeva che Zeena si stava probabilmente chiedendo perché egli non si offrisse di portarla a Flats e non mandasse Jotham Powell col carico di legname a Starkfield, e dapprima non gli venne in mente alcun pretesto per non farlo; poi disse: "Ti ci porterei io, solo che devo andare a riscuotere il pagamento del legname".

Appena queste parole furono uscite dalla sua bocca, egli se ne pentì, non solamente perché non erano vere - non vi era nessuna prospettiva di ottenere un pagamento in contanti da Hale -, ma anche perché sapeva per esperienza che era imprudente rivelare a Zeena, alla vigilia di una delle sue escursioni terapeutiche, che aveva del denaro. Al momento, comunque, il suo unico desiderio era di evitare quel lungo percorso con lei, dietro il vecchio sauro che non usciva mai a fare una passeggiata.

Zeena non rispose: sembrava che non avesse sentito cosa egli aveva detto. Aveva già scostato il suo piatto e si stava versando la medicina da una grossa bottiglia.

"Non mi ha fatto proprio niente, ma tanto vale finirla" essa osservò; e aggiunse, spingendo la bottiglia vuota verso Mattie:

"Se riesci a toglierle il sapore, servirà per la salamoia".

IV

Appena sua moglie se ne fu andata Ethan prese il cappotto e il berretto dall'attaccapanni. Mattie rigovernava canterellando un motivo di danza della sera precedente. Egli disse: "Ciao, Matt," essa rispose allegramente: "Ciao, Ethan"; e questo fu tutto.

La cucina era calda e luminosa. I raggi del sole entravano obliqui dalla finestra a sud e illuminavano la figuretta della ragazza affaccendata, il gatto che dormiva sulla seggiola e i gerani che erano stati portati lì dall'entrata, dove Ethan li aveva piantati durante l'estate per "fare un giardino" per Mattie. Gli sarebbe piaciuto trattenersi, guardarla mentre riordinava e poi mentre prendeva in mano il suo lavoro di cucito; ma desiderava ancor più finire il carico ed essere di ritorno alla fattoria prima di notte.

Per tutta la strada fino al villaggio egli continuò a pensare al suo ritorno da Mattie. La cucina era una stanza misera, non allegra e rilucente come ai tempi di sua madre, nella sua fanciullezza: ma era sorprendente l'aspetto caldo e accogliente che le dava la semplice assenza di Zeena. E cercava di immaginare come sarebbe stato quella sera, lui e Mattie insieme dopo cena. Per la prima volta sarebbero stati soli in casa; si sarebbero seduti ognuno da un lato della stufa, come marito e moglie, lui senza le scarpe e fumando la pipa, lei ridendo e parlando in quel suo buffo modo che per lui era sempre nuovo, come se non lo avesse mai sentito prima.

La dolcezza di questo quadro, e il sollievo di sapere che i suoi timori di "guai" con Zeena erano infondati, lo resero di colpo allegro; ed egli, che era solitamente così silenzioso, si mise a fischiare e a cantare ad alta voce mentre guidava il carro attraverso campi coperti di neve.

Vi era in lui una sopita scintilla di socievolezza che i lunghi inverni di Starkfield non avevano ancora estinto. Grave e inarticolato per natura, egli ammirava l'allegria e la vivacità negli altri, e si sentiva riscaldare fino al midollo da un amichevole contatto umano. A Worcester, sebbene avesse la nomea di starsene per conto suo e di non valere molto durante una festa, egli era segretamente felice che qualcuno gli battesse una mano sulla spalla e lo salutasse con un: "Ehi, vecchio Ethe", oppure: "Vecchio muso duro"; e la mancanza di simili familiarità aveva aumentato il gelo del suo ritorno a Starkfield.

Qui il silenzio intorno a lui era divenuto sempre più profondo, anno dopo anno. Rimasto solo, dopo l'incidente di suo padre, a portare il peso della fattoria e del mulino, egli non aveva avuto tempo per riunioni conviviali al villaggio; e quando sua madre si ammalò, la solitudine della casa divenne più opprimente di quella dei campi. Sua madre era stata una chiacchierona, ai suoi tempi, ma dopo la malattia il suono della sua voce si faceva udire di rado, sebbene non avesse perso la capacità di parlare. Qualche volta, nelle lunghe serate d'inverno, quando il figlio, dalla disperazione, le chiedeva perché non dicesse qualcosa, essa era solita alzare un dito e rispondere: "Perché sto ascoltando"; e nelle notti di tempesta, quando il vento ululava intorno alla casa, se egli le parlava essa rispondeva: "Parlano così forte là fuori, che non ti sento".

Fu solamente quando essa si ammalò definitivamente e sua cugina Zenobia Pierce venne dalla valle vicina per aiutarlo a curarla, che fu udita di nuovo una voce umana nella casa. Dopo il silenzio mortale della sua lunga prigionia, il chiacchiericcio di Zeena era musica per le sue orecchie. Gli sembrò che "avrebbe potuto diventare come sua madre", se non fosse giunto il suono di una voce nuova a ridargli l'equilibrio. Zeena sembrò comprendere subito la sua situazione. Rise perché non sapeva come assistere un malato, e gli disse di andarsene subito subito, e lasciare che lei pensasse a tutto. Il solo fatto di obbedire ai suoi ordini, di sentirsi libero di pensare ai fatti suoi e di parlare con altri uomini ristabilì il suo equilibrio scosso e ingigantì la sensazione che egli le doveva moltissimo. La sua capacità ed efficienza lo confondevano e destavano in lui ammirazione. Sembrava che essa possedesse per istinto tutta la saggezza casalinga che un duro tirocinio non era riuscito a instillare in lui. Quando venne la fine, fu essa a dovergli dire di attaccare il cavallo e andare a prendere l'impresario delle pompe funebri, e aggiunse che le sembrava "buffo" che egli non avesse già pensato a chi dare i vestiti di sua madre e la macchina da cucire. Dopo il funerale, quando vide che essa si preparava ad andarsene, egli era stato preso da un irragionevole terrore di essere lasciato solo alla fattoria; e prima di rendersi conto di cosa stava facendo, le aveva chiesto di rimanere con lui. Da allora aveva spesso pensato che tutto ciò non sarebbe accaduto se sua madre fosse morta in primavera invece che in inverno...

Quando si sposarono, decisero che non appena egli avesse potuto riprendersi dalle difficoltà finanziarie derivate dalla lunga malattia di sua madre, avrebbero venduto la fattoria e il mulino e sarebbero andati a cercar fortuna in una grande città. L'amore per la natura di Ethan non aveva preso la forma della passione per l'agricoltura. Egli aveva sempre desiderato di diventare un ingegnere e di vivere nelle città, dove vi erano conferenze e grandi biblioteche e "gente che faceva le cose". Un piccolo lavoro di ingegneria in Florida, che gli era capitato durante il periodo di studi a Worcester, aumentò la sua fiducia nelle proprie capacità, come pure il suo desiderio di vedere il mondo; e si sentiva sicuro che, con una moglie "brillante" come Zeena, non ci avrebbe messo molto a farsi una posizione.

Il villaggio natio di Zeena era un po' più grande e più vicino alla ferrovia di Starkfield, ed essa aveva subito fatto capire al marito che vivere in una fattoria isolata non era ciò che si aspettava dal matrimonio. Ma non si presentavano acquirenti per la fattoria e, mentre li aspettava, Ethan cominciò a comprendere l'impossibilità di trapiantarla altrove. Zeena disprezzava Starkfield, ma non avrebbe potuto vivere in un posto dove non fosse tenuta in considerazione. Anche Bettsbridge o Shadd's Falls non l'avrebbero considerata abbastanza, e nelle grandi città che attiravano Ethan essa sarebbe stata una nullità. Poi, nel primo anno di matrimonio, essa cominciò ad avvertire quei "malesseri" che da allora la resero famosa anche in una comunità ricca di casi patologici. Quando era venuta a curare sua madre, Zeena era sembrata a Ethan l'incarnazione della salute, ma presto si accorse che la sua abilità come infermiera derivava da una osservazione meticolosa dei propri sintomi.

Poi anch'essa cadde nel silenzio. Forse era l'effetto inevitabile della vita alla fattoria, o forse, come talvolta diceva, era perché Ethan "non ascoltava mai". Questa accusa non era del tutto infondata. Quando essa parlava, era solo per lamentarsi, e per lamentarsi di cose alle quali egli non aveva la possibilità di rimediare; e per frenare il suo impulso di ribattere con impazienza, egli dapprima aveva preso l'abitudine di non risponderle, e poi di pensare ad altro mentre essa parlava. Recentemente, però, da quando aveva avuto motivo di osservarla più attentamente, il suo silenzio aveva cominciato a preoccuparlo. Gli ricordava la crescente taciturnità di sua madre, e si chiedeva se anche Zeena stesse diventando "strana". Sapeva che alle donne succede. Zeena, che aveva l'elenco dei casi patologici di tutta la regione sulla punta delle dita, aveva citato molti casi simili mentre assisteva sua madre; ed egli stesso sapeva di certe solitarie fattorie del vicinato dove languivano creature colpite da questo male, e di altre dove erano accadute improvvise tragedie. A volte, guardando il viso chiuso di Zeena, sentiva come un brivido di triste presagio. Altre volte invece il suo silenzio sembrava assunto di proposito per nascondere intenzioni dalle conseguenze importanti, misteriose conclusioni tratte da sospetti e risentimenti impossibili a indovinare. Questa supposizione era ancora più inquietante dell'altra; ed era quella che gli era venuta in mente la notte precedente, quando l'aveva vista sulla soglia della cucina.

Ora la sua partenza per Bettsbridge lo aveva di nuovo tranquillizzato, e tutti i suoi pensieri erano rivolti alla prospettiva della serata con Mattie.

Una sola cosa gli pesava, ed era l'aver detto a Zeena che doveva ricevere soldi per il legname. Prevedeva così chiaramente le conseguenze di questa imprudenza, che si decise, con notevole riluttanza, a chiedere ad Andrew Hale un piccolo anticipo sul carico.

Quando Ethan entrò nel recinto di Hale, l'impresario stava proprio scendendo dalla sua slitta.

"Salve, Ethe!" disse. "Arrivi proprio in tempo."

Andrew Hale era un uomo vigoroso, con grossi baffi grigi e un doppio mento coperto di peli mal rasati, non imprigionato in un colletto; ma la sua pulitissima camicia era sempre fermata da una piccola spilla di brillanti. Questo sfoggio di opulenza era ingannevole, perché, sebbene facesse affari, si sapeva che le sue abitudini facilone e le necessità della sua immensa famiglia lo rendevano spesso ciò che Starkfield definiva "in arretrato".

Egli era un vecchio amico della famiglia di Ethan, e la sua era una delle poche case in cui qualche volta Zeena si recava, attirata dal fatto che la signora Hale, in gioventù, aveva avuto a che fare con più dottori di qualsiasi altra donna di Starkfield, ed era tuttora un'autorità in fatto di sintomi e cure.

Hale si avvicinò ai cavalli di Frome e passò una mano sui loro fianchi sudati.

"Be', signor mio," disse "li tieni come se fossero i tuoi beniamini." Ethan si mise a scaricare i tronchi, e quando ebbe finito aprì la porta del capannone che l'impresario usava come ufficio. Hale stava seduto con i piedi appoggiati alla stufa, la schiena contro una vecchia scrivania coperta di fogli: il posto, come il padrone, era caldo, simpatico e disordinato.

"Siediti e sgelati" fece a Ethan.

Quest'ultimo non sapeva come cominciare, ma alla fine riuscì a esporre la sua richiesta di un anticipo di cinquanta dollari. Il sangue gli salì al volto nel vedere la meraviglia di Hale. Era abitudine dell'impresario di pagare dopo tre mesi, e tra i due non vi erano precedenti di pagamenti in contanti al momento della consegna. Ethan sentiva che se gli avesse detto che ne aveva estremo bisogno, Hale avrebbe fatto un'eccezione e lo avrebbe pagato; ma l'orgoglio, e una istintiva prudenza, lo trattennero dal ricorrere a questo mezzo. Dopo la morte di suo padre, c'era voluto del tempo per poter rialzare la testa dalle difficoltà finanziarie, e non voleva che Andrew Hale, o qualcun altro a Starkfield, pensasse che egli stava di nuovo affogando. Inoltre, detestava mentire; se voleva il denaro lo voleva, e nessuno doveva chiedere il perché. Egli perciò espresse la sua richiesta con la goffaggine di un uomo orgoglioso che non vuole ammettere a se stesso che sta curvando la testa; e non fu molto sorpreso di fronte al rifiuto di Hale.

L'impresario rifiutò allegramente e piacevolmente, così come faceva tutte le cose: prese la faccenda come se fosse uno scherzo, e chiese a Ethan se meditava di comprarsi un piano a coda, oppure di aggiungere una "cupola" alla sua casa, nel qual caso offriva i suoi servigi gratis. La diplomazia di Ethan fu presto esaurita, e dopo una pausa imbarazzante egli salutò Hale e aprì la porta dell'ufficio. Mentre stava uscendo, l'impresario improvvisamente gli chiese: "Senti, non sei mica per caso in difficoltà?"

"Nemmeno un poco" rispose l'orgoglio di Ethan, prima che il ragionamento avesse il tempo di intervenire.

"Bene, meno male! Perché io lo sono, un pochino. Infatti stavo per chiederti di darmi un po' più di tempo per questo pagamento. Gli affari sono fiacchi, per cominciare, e poi sto facendo una casetta per Ned e Ruth che si devono sposare. Sono felice di farlo per loro, ma costa." Il suo sguardo chiedeva comprensione a Ethan.

"Ai giovani piacciono le cose belle. Lo sai anche tu com'è: non è poi tanto tempo che hai rimesso a posto la tua casa per Zeena."

Ethan lasciò i cavalli nella stalla di Hale e andò a sbrigare altre faccende nel villaggio. Mentre camminava, gli risuonava nell'orecchio l'ultima frase di Hale, e rifletté cupamente che i sette anni passati con Zeena sembravano a Starkfield "non tanto tempo fa".

Il pomeriggio volgeva al termine, e qua e là una finestra illuminata ravvivava il grigio, freddo imbrunire e faceva sembrare la neve ancora più bianca. Il tempo rigido aveva fatto chiudere tutti nelle loro case, ed Ethan era solo nella lunga strada campestre. Improvvisamente udì un tintinnire di campanelli, e una slitta tirata da un cavallo veloce lo sorpassò. Ethan riconobbe il puledro roano di Michael Eady, e il giovane Denis Eady, con un bel berretto nuovo di pelo in testa, si sporse e agitò una mano in segno di saluto:

"Salve, Ethe!" gridò, e continuò la sua corsa.

La slitta andava in direzione della fattoria di Frome, e il cuore di Ethan si contrasse mentre ascoltava il suono dei campanelli che si allontanava. Niente di più facile che Denis Eady avesse sentito della partenza di Zeena per Bettsbridge e approfittasse dell'occasione per passare un'ora con Mattie. Ethan si vergognò della tempesta di gelosia che si scatenò nel suo cuore. Non gli sembrava degno della ragazza che i suoi pensieri fossero così violenti.

Camminò fino all'angolo della chiesa ed entrò nell'ombra degli abeti dei Varnum, dove era stato con lei la notte precedente. Quando vi giunse sotto, vide una sagoma indistinta proprio davanti a sé. Al suo avvicinarsi, questa si divise in due sagome separate, poi si riunì di nuovo, ed egli udì un bacio e un: "Oh!" pronunciato quasi ridendo nello scoprire la sua presenza. Di nuovo la sagoma si divise rapidamente, e una metà entrò nel cancello dei Varnum, sbattendolo dietro di sé, mentre l'altra si avviò velocemente davanti a lui. Ethan sorrise per il trambusto che aveva causato. Che importava a Ned Hale e Ruth Varnum se venivano scoperti mentre si baciavano? Tutti a Starkfield sapevano che erano fidanzati. A Ethan faceva piacere di aver sorpreso due innamorati sul posto dove lui e Mattie erano stati vicini con tanta sete l'un per l'altro nei loro petti; ma sentì una stretta al cuore al pensiero che questi due non avevano bisogno di nascondere la loro felicità.

Andò a prendere i cavalli alla stalla di Hale e iniziò la lunga salita fino alla fattoria. Il freddo era ora meno intenso e il cielo coperto da fitte nuvole minacciava neve per l'indomani. Qua e là, attraverso le nuvole, brillava una stella, mostrando dietro a sé un profondo pozzo di azzurro. Tra un'ora o due la luna sarebbe apparsa sulla cresta di colline dietro la fattoria, avrebbe diffuso una luce dorata da un varco tra le nuvole e poi sarebbe stata inghiottita da esse.

Una pace malinconica avvolgeva i campi, come se essi sentissero allentarsi la morsa del freddo e si adagiassero nel loro lungo sonno invernale.

L'orecchio di Ethan era teso per cogliere il tintinnare di campanelli da slitta, ma nessun suono rompeva il silenzio della strada solitaria. Avvicinandosi alla fattoria vide, attraverso il tenue schermo dei larici al cancello, una luce brillare nella casa. "È su, nella sua stanza" si disse "a prepararsi per la cena"; e ricordò l'occhiata sarcastica di Zeena quando Mattie, la sera del suo arrivo, era scesa per cena con i capelli accomodati e un nastro intorno al collo.

Passò vicino alle tombe sul monticello e volse il capo per guardare una delle lapidi più vecchie, che lo aveva sempre interessato da ragazzo perché portava il suo nome:

DEDICATO ALLA MEMORIA DI
ETHAN FROME E DI SUA MOGLIE COSTANZA,
CHE VISSERO INSIEME IN PACE
PER CINQUANT'ANNI

Aveva sempre pensato che cinquant'anni fossero un periodo molto lungo da vivere con una persona; ma ora gli sembrava che potessero passare in un attimo. Poi, con una improvvisa punta di ironia, si chiese se, quando fosse venuto il loro turno, si sarebbe scritto lo stesso epitaffio per lui e Zeena.

Aprì la porta del granaio e allungò il collo nell'oscurità col mezzo timore di scoprire il puledro roano di Denis nello stallo vicino al suo sauro. Ma il vecchio cavallo era lì solo, che masticava nella mangiatoia con le sue mascelle sdentate, ed Ethan si mise a fischiettare allegramente mentre preparava la paglia per i due grigi e versava una misura in più di avena nella loro mangiatoia. La sua non era una gola piena di canti, ma ne vennero fuori aspre melodie mentre chiudeva il granaio e saliva di corsa la collina fino alla casa.

Raggiunse il portico della cucina e girò la maniglia della porta; ma la porta non si aprì.

Meravigliato di trovarla chiusa, scosse violentemente la maniglia; poi rifletté che Mattie era sola e che era naturale che si fosse barricata in casa al cadere della notte. Stette fermo nel buio, aspettandosi di sentire il suo passo. Questo non si fece udire, e dopo aver invano teso l'orecchio, chiamò con voce che tremava di gioia:

"Ehi, Mattie".

Gli rispose il silenzio; ma dopo un paio di minuti udì un rumore sulle scale e vide una linea di luce intorno alla cornice della porta, come l'aveva vista la sera prima.

Così strana era l'esattezza con cui si stavano ripetendo gli incidenti della sera prima, che quasi si aspettava, quando udì la chiave girare nella toppa, di vedersi dinanzi sua moglie sulla soglia; ma la porta si aprì e Mattie gli stette di fronte.

Gli apparve nella stessa posizione di Zeena, ritta sulla soglia, tenendo alta la lampada contro lo sfondo nero della cucina. Reggeva il lume alla stessa altezza, e la luce metteva in risalto con la medesima esattezza la sua giovane gola e il polso abbronzato, minuto come quello di un bambino. Poi, verso l'alto, gettava un caldo bagliore sulle sue labbra, ombreggiava i suoi occhi di una sfumatura vellutata sotto la nera curva delle sopracciglia.

Indossava il solito vestito di stoffa scura, e non portava nessun fiocco al collo; ma nei capelli aveva un nastro vermiglio. Questo piccolo tocco insolito la trasformava e la glorificava. Essa sembrò a Ethan più alta, più piena, più femminile nella forma e nei movimenti. Essa si tirò in disparte, sorridendo in silenzio, mentre egli entrava, e poi si allontanò da lui, con una particolare morbidezza e leggerezza nell'andatura. Posò la lampada sul tavolo, ed egli vide che era stato accuratamente apparecchiato per la cena, con frittelle fresche, mirtilli in composta e i suoi cetriolini preferiti in un allegro piatto di vetro rosso. Un bel fuoco ardeva nella stufa e il gatto vi stava sdraiato davanti, guardando il tavolo con occhio sonnolento.

Ethan fu sommerso dal senso di benessere. Andò nell'ingresso per appendere il cappotto e levarsi gli stivali bagnati. Quando ritornò, Mattie aveva messo la teiera sul tavolo, e il gatto si stava strofinando carezzevole contro le sue caviglie.

"Ehi, micio! Per poco non mi hai fatto inciampare" essa esclamò, col riso che le brillava negli occhi.

Di nuovo Ethan sentì un improvviso morso di gelosia. Era possibile che fosse il suo ritorno a darle un'espressione così viva e calda?

"Ebbene, Matt, niente visite?" riuscì a dire, curvandosi con noncuranza per esaminare lo sportello della stufa.

Essa annuì e rise: "Sì, una," ed egli sentì un'ombra calargli sul volto.

"Chi era?" chiese, alzandosi e gettandole un'occhiata con volto corrucciato.

Gli occhi di lei brillarono di malizia. "Ma Jotham Powell. Quando è ritornato è venuto qui e mi ha chiesto un sorso di caffè prima di andarsene a casa."

L'ombra sparì e la luce invase il cervello di Ethan.

"Tutto qui? Be', spero che tu glielo abbia dato." E dopo una pausa pensò giusto di aggiungere: "Suppongo che abbia portato Zeena a Flats sana e salva".

"Oh, sì, sono arrivati in tempo."

Quel nome gettò un'onda di gelo tra di loro, ed essi stettero un momento a guardarsi con la coda dell'occhio, poi Mattie disse con una timida risata:

"Penso che sia ora di cena".

Si sedettero a tavola, e il gatto, senza chiedere permesso, saltò sulla seggiola vuota di Zeena, in mezzo a loro. "Oh, micio!" disse Mattie, e risero di nuovo. Un attimo prima Ethan si era sentito sul punto di diventare loquace; ma il nome di Zeena lo aveva paralizzato. Mattie sembrava aver sentito il contagio del suo imbarazzo e se ne stava seduta con gli occhi abbassati, bevendo il tè, mentre egli fingeva di avere una fame insaziabile di frittelle e cetriolini. Alla fine, dopo aver cercato disperatamente qualcosa da dire, bevve un lungo sorso di tè, si schiarì la voce e disse:

"Ha l'aria di voler nevicare ancora". Essa simulò grande interesse: "Davvero? Pensi che impedirà a Zeena di ritornare?" Divenne scarlatta in volto mentre le sfuggiva questa domanda, e posò precipitosamente la tazza che stava portando alle labbra.

Ethan allungò la mano per prendere degli altri cetriolini.

"Non si può mai sapere in questa stagione, nevica così forte sull'altopiano, a Flats." Quel nome lo aveva di nuovo paralizzato, e di nuovo aveva la sensazione che Zeena fosse nella stanza, fra loro due.

"Oh, micio, sei troppo ingordo!" gridò Mattie. Il gatto, inosservato, era salito pian piano dalla seggiola di Zeena sul tavolo e stava allungando il muso verso il bricco del latte, che stava tra Ethan e Mattie. I due si chinarono in avanti nello stesso momento e le loro mani si incontrarono sul manico del bricco. La mano di Mattie era sotto, ed Ethan la tenne nella sua un attimo più del necessario. Il gatto, approfittando di questo insolito atteggiamento, tentò di effettuare la ritirata inosservato e, indietreggiando, finì nel piatto dei cetriolini, che cadde a terra rompendosi.

Mattie, in un baleno, si era alzata dalla seggiola e si era precipitata in ginocchio in mezzo ai cocci.

"Oh, Ethan, Ethan, è tutto in pezzi! cosa dirà Zeena?"

Ma questa volta il coraggio gli era ritornato: "Ebbene, dovrà dirlo al gatto, in ogni modo!" rispose con una risata, inginocchiandosi vicino a Mattie per raccogliere i cetriolini. Essa alzò due occhi spauriti su di lui:

"Sì, ma vedi, lei non voleva che questo piatto fosse adoperato, nemmeno quando c'erano ospiti; e io ho dovuto arrampicarmi sulla scala per prenderlo dall'ultimo scaffale dell'armadio, dove lo teneva assieme a tutte le sue cose più belle, e naturalmente vorrà sapere perché l'ho preso..."

Il caso era talmente grave da richiedere tutta la latente risoluzione di Ethan. "Non ne saprà nulla, se tu starai zitta. Ne comprerò un altro uguale, domani. Dove è stato comprato? Andrò fino a Shadd's Falls, se è necessario."

"Oh, non ne troverai un altro uguale nemmeno lì! Era un regalo di nozze. Non ricordi? Era stato mandato fin da Filadelfia, dalla zia di Zeena che sposò il pastore. Per questo non lo voleva mai adoperare. Oh, Ethan, Ethan, che mai farò?"

Essa cominciò a piangere, e a lui sembrò che ognuna delle sue lacrime gli cadesse addosso come piombo fuso.

"No, Mattie, no, oh, non piangere!" la implorò.

Essa si alzò in piedi con sforzo, e anch'egli si alzò e la seguì incerto mentre essa deponeva i pezzi di vetro sulla madia. Gli sembrava che lì fossero deposti i rottami della loro serata.

"Qua, dalli a me" disse con voce improvvisamente autoritaria.

Mattie si ritrasse, obbedendo istintivamente al suo tono.

"Oh, Ethan, cosa ne vuoi fare?"

Senza rispondere, egli raccolse i pezzi di vetro nel largo palmo della sua mano e uscì dalla cucina nell'ingresso. Qui, acceso un mozzicone di candela, aprì l'armadio e, allungando il braccio verso lo scaffale più alto, mise insieme i pezzi con tale accuratezza che, esaminandone l'effetto da vicino, si convinse che nessuno, dal basso, avrebbe potuto notare che il piatto era rotto. Se li incollava la mattina dopo, sarebbero passati dei mesi prima che sua moglie si accorgesse di cosa era successo, e nel frattempo avrebbe potuto forse trovare un piatto uguale a quello a Shadd's Falls o a Bettsbridge.

Dopo essersi rassicurato sul fatto che non vi era pericolo immediato che la cosa venisse scoperta, ritornò in cucina con passo più leggero e trovò Mattie che stava raccogliendo sconsolatamente gli ultimi cetriolini dal pavimento.

"È tutto a posto, Matt. Vieni, e finiamo di cenare" le ordinò.

Completamente rassicurata, essa gli rivolse uno sguardo radioso tra le ciglia ancora bagnate di lacrime, e l'animo di lui si riempì d'orgoglio vedendo come il suo tono l'aveva sottomessa. Mattie non gli chiese nemmeno cosa avesse fatto. Ethan non aveva mai provato una così emozionante sensazione di dominio, tranne quando dirigeva un grosso tronco giù per le montagne fino al suo mulino.

V

Finirono di cenare, e mentre Mattie sparecchiava, Ethan andò a dare un'occhiata alle mucche e poi fece un ultimo giro intorno alla casa. La terra giaceva nel buio sotto un cielo coperto, e l'aria era così ferma che ogni tanto egli poteva sentire la neve cadere da un albero lontano, al limitare del recinto del legname.

Quando ritornò in cucina, vide che Mattie aveva avvicinato la sua seggiola alla stufa e si era seduta vicino alla lampada col lavoro di cucito in mano. La scena era proprio com'egli l'aveva sognata quella mattina. Si sedette, prese la pipa dalla tasca e allungò i piedi verso il calore della stufa. Il duro lavoro svolto durante la giornata in quell'aria pungente lo faceva sentire pigro e allegro a un tempo, e aveva la sensazione confusa di essere in un altro mondo, dove tutto era calore e armonia e dove il tempo non poteva portare mutamenti. L'unico inconveniente, in mezzo al suo completo benessere, era il fatto che non poteva vedere Mattie da dove era seduto; ma era troppo indolenzito per muoversi, e dopo un momento disse: "Vieni qui e siediti vicino alla stufa".

La sedia a dondolo di Zeena stava davanti a lui. Mattie si alzò docilmente e vi si sedette. Vedendo la sua giovane testa castana risaltare sullo sfondo del cuscino che di solito incorniciava la macilenta fisionomia di sua moglie, Ethan sentì un momentaneo tuffo al cuore. Era quasi come se l'altro volto, quello della donna soppiantata, avesse cancellato quello dell'intrusa. Dopo un momento Mattie sembrò presa dalla stessa sensazione di disagio. Cambiò posizione, chinandosi in avanti col capo sul lavoro, di modo che egli poteva vedere soltanto di scorcio la punta del suo naso e il nastro vermiglio nei capelli; poi si alzò in piedi dicendo: "Non ci vedo a cucire", e tornò alla sua seggiola vicino al lume.

Ethan finse di alzarsi per riempire la stufa, e quando ritornò alla sua seggiola, la spinse di fianco in modo da poter vedere il profilo di Mattie e la luce della lampada sulle sue mani. Il gatto, che aveva osservato con meraviglia questi movimenti insoliti, saltò sulla seggiola di Zeena, si acciambellò e se ne stette a guardarli con occhi socchiusi.

Un profondo silenzio avvolse la stanza. L'orologio ticchettava sopra la madia, qualche pezzo di legno carbonizzato cadeva ogni tanto dentro la stufa, e il debole ma acuto profumo dei gerani si mescolava con l'odore della pipa di Ethan, il cui fumo cominciava a formare un velo azzurrognolo intorno alla lampada e a coprire di grigie ragnatele gli angoli in penombra della stanza.

La sensazione di disagio era sparita, tra i due, ed essi cominciarono a parlare semplicemente e pianamente. Parlarono di cose di ogni giorno, di previsioni di nevicate, della prossima festa alla chiesa, degli amori e dei litigi di Starkfield. Questo parlare di cose comuni e quotidiane creò in Ethan un'illusione di salda intimità che nessun sfogo emotivo avrebbe potuto creare, ed egli si lasciò andare alle sue fantasie, immaginando che avevano sempre passato così le loro serate e che avrebbero sempre continuato a passarle così...

"Questa sera avremmo dovuto andare a fare le corse con gli slittini, Matt" disse alla fine, con la calda sensazione, mentre parlava, che avrebbero potuto andare qualsiasi altra sera avessero voluto, perché avevano tutto il tempo dinanzi a loro.

Essa gli sorrise. "Pensavo te ne fossi dimenticato."

"No, non me ne sono dimenticato; ma è talmente buio, fuori. Potremmo andarci domani, se ci sarà la luna."

Essa rise di gioia, con la testa gettata all'indietro, mentre la luce della lampada brillava sulle sue labbra e sui suoi denti candidi.

"Sarebbe splendido, Ethan!"

Egli tenne gli occhi fissi su di lei, osservando con meraviglia come il suo volto mutava a seconda delle cose di cui parlavano, come un campo di grano sotto la brezza estiva. Era delizioso scoprire una simile magia nelle sue maldestre parole, ed egli anelava di trovare nuovi modi di usarla.

"Avresti paura a fare la discesa di Corbury con me in una notte come questa?" egli chiese.

Le guance di Mattie avvamparono: "Non ho più paura di quanta ne hai tu!"

"Bene, allora diciamo che io avrei paura; non lo farei. È una brutta svolta quella in fondo, vicino al grande olmo. A non tenere gli occhi bene aperti ci si andrebbe dritto addosso." Egli godeva del senso di protezione e autorità che le sue parole implicavano. Per prolungare e intensificare questa sensazione, aggiunse: "Penso che stiamo bene qui". Essa abbassò gli occhi lentamente, nel modo che lui adorava.

"Sì, stiamo bene qui" essa sospirò. Il suo tono era talmente dolce, che egli si levò la pipa di bocca e avvicinò la sua seggiola al tavolo. Chinandosi in avanti, toccò l'altro capo della striscia di stoffa marrone che essa stava orlando. "Di', Matt," egli cominciò con un sorriso "sai cosa ho visto sotto gli abeti dei Varnum, proprio ora mentre tornavo a casa? Ho visto una tua amica che si stava facendo baciare."

Queste parole gli erano rimaste sulla punta della lingua tutta la sera, ma ora che le aveva pronunciate gli sembravano indicibilmente volgari e fuori posto. Mattie arrossì fino alla radice dei capelli e tirò l'ago rapidamente due o tre volte, allontanando appena il lavoro da lui. "Penso fossero Ruth e Ned" disse a bassa voce, come se egli avesse improvvisamente toccato un argomento serio.

Ethan aveva immaginato che la sua allusione avrebbe dato adito ai soliti scherzi, e questi forse poi a una innocente carezza, magari solamente il tocco della sua mano. Ma ora ebbe la sensazione che l'arrossire di Mattie significasse che essa si era messa in guardia. Pensò che forse era la sua naturale goffaggine a dargli questa sensazione. Sapeva che la maggior parte dei giovanotti non ci metteva molto a dare un bacio a una bella ragazza, e ricordava che la sera prima, quando aveva passato il braccio intorno a Mattie, essa non gli aveva resistito. Ma ciò era avvenuto all'aperto, nella vasta, irresponsabile notte. Ora, nella calda stanza illuminata, pervasa di antichi fluidi di conformismo e ordine, essa sembrava infinitamente più lontana da lui, e più inavvicinabile.

Per alleviare il suo disagio, egli disse:

"Penso che stabiliranno la data del matrimonio tra non molto".

"Sì. Non mi meraviglierei se si sposassero in estate." Pronunciò la parola "sposassero" come se la accarezzasse. Sembrò un frusciante passaggio tra il fogliame che portasse a radure incantate. Ethan sentì una stretta al cuore e disse, allontanandosi da lei con la sua seggiola: "Non mi meraviglierei che poi venisse il tuo turno". Essa rise un po' incerta: "Perché continui a dire questo?"

Egli fece eco alla sua risata: "Probabilmente lo faccio per abituarmi all'idea".

Ethan si avvicinò di nuovo al tavolo, e Mattie continuò a cucire in silenzio, con occhi abbassati mentre egli contemplava affascinato il modo in cui le sue mani correvano sulla striscia di stoffa, proprio come aveva guardato una coppia di uccelli fare piccoli voli perpendicolari sul nido che stavano costruendo.

Alla fine, senza volgere il capo né alzare gli occhi, essa disse a voce bassa: "Non è perché tu pensi che Zeena ce l'abbia con me, vero?"

Il timore del giorno riapparve in lui in tutta la sua forza: "Perché, cosa vuoi dire?" balbettò.

Essa alzò due occhi disperati su di lui, lasciando cadere il lavoro sul tavolo, tra di loro. "Non lo so. Ieri sera mi è sembrato che avesse qualcosa contro di me."

"Mi piacerebbe sapere cosa" egli ringhiò.

"Non si può mai dire, con Zeena." Era la prima volta che parlavano così apertamente del suo atteggiamento verso Mattie, e la ripetizione di quel nome sembrò riverberarlo negli angoli più lontani della stanza e farlo riecheggiare fino a loro con lunghe vibrazioni di suono. Mattie attese, come per dar tempo all'eco di spegnersi, e poi continuò: "Non ha detto niente *a te*?"

Egli scosse la testa: "No, nemmeno una parola".

Essa si scosse i capelli dalla fronte con una risata: "Forse è soltanto che io sono nervosa. Non ci voglio pensare più".

"Oh, no... non pensiamoci più, Matt!" L'improvviso calore del suo tono riportò il colorito sulle guance di Mattie, non violentemente, ma per gradi, con delicatezza, come fosse il riflesso di un pensiero che le passasse lentamente per il cuore. Stava seduta in silenzio, le mani occupate nel lavoro, e sembrò a Ethan che una calda corrente fluisse verso di lui attraverso la striscia di stoffa che giaceva ancora arrotolata tra di loro. Piano piano fece scivolare una mano, col palmo rivolto in basso, lungo il tavolo, fino a toccare con la punta delle dita un capo della stoffa. Le ciglia di Mattie tremarono impercettibilmente, quasi a mostrare che essa aveva notato il suo gesto, e che questo le aveva trasmesso una controcorrente; e le sue mani giacquero immobili all'altro capo della striscia.

Mentre stavano così, egli udì un rumore dietro di sé e volse il capo. Il gatto era saltato giù dalla sedia di Zeena per inseguire un topo che doveva essere nello zoccolo di legno, e in conseguenza del suo balzo improvviso la seggiola vuota si era messa a dondolare spettralmente.

"Essa stessa ci si dondolerà domani a quest'ora" pensò Ethan. "Io stavo sognando, e questa è l'unica sera che potremo mai passare soli insieme."

Il ritorno alla realtà fu doloroso come il risveglio dopo un'anestesia. Il corpo e il cervello gli dolevano d'indescrivibile stanchezza, e non gli veniva in mente niente da dire o da fare per arrestare la fuga pazza dei minuti.

Sembrò che il suo mutamento d'umore si fosse comunicato a Mattie. Essa lo guardò languidamente, come se il sonno pesasse sulle sue palpebre e le costasse uno sforzo alzarle. Il suo sguardo cadde sulla mano di Ethan, che ora copriva completamente l'altro capo del lavoro e lo teneva stretto come se fosse una parte di lei. Egli vide un tremore impercettibile attraversarle il volto e, senza rendersi conto di cosa stava facendo, chinò la testa e baciò la stoffa che teneva in mano. Mentre le sue labbra vi si posavano, sentì che la stoffa scivolava via e vide che Mattie si era alzata e stava silenziosamente arrotolando il lavoro. Lo fermò con uno spillo, poi prese il ditale e le forbici e li mise assieme al rotolo di stoffa, nella scatola ricoperta di carta fantasia che una volta egli le aveva portato da Bettsbridge.

Anch'egli si alzò, guardando vagamente intorno alla stanza. L'orologio segnava le undici.

"Il fuoco è a posto?" essa chiese a bassa voce.

Egli aprì lo sportello della stufa e smosse la brace. Quando si rizzò vide che essa stava portando vicino alla stufa la vecchia cassetta da sapone foderata con un pezzo di tappeto dove il gatto era solito dormire. Poi riattraversò la stanza, prese due vasi di geranio per allontanarli dal freddo della finestra. Egli la seguì e portò gli altri gerani, i bulbi di giacinto nella terrina rotta e l'edera tedesca che era stata fatta arrampicare su un vecchio cerchio da *croquet*.

Quando questi doveri serali furono adempiuti, non restava altro da fare che prendere il candeliere nell'ingresso, accendere le candele e spegnere la lampada. Ethan mise il candeliere in mano a Mattie, ed essa uscì dalla cucina davanti a lui, e la luce che portava dinanzi a sé faceva sembrare i suoi scuri capelli come un velo di foschia sulla luna.

"Buona notte, Matt" egli disse mentre essa poneva il piede sul primo gradino della scala.

Mattie si volse e lo guardò un momento. "Buona notte, Ethan" rispose, e salì.

Quando la porta della camera di Mattie si chiuse, Ethan ricordò che non le aveva nemmeno toccato la mano.

VI

La mattina dopo a colazione Jotham Powell era con loro, ed Ethan cercava di nascondere la sua gioia sotto un'aria di esagerata indifferenza, appoggiandosi allo schienale della seggiola per gettare qualche avanzo al gatto, brontolando contro il tempo e non offrendosi nemmeno di aiutare Mattie quando questa si alzò per sparecchiare.

Ethan non sapeva perché era così irragionevolmente felice, dato che nulla era cambiato nella sua vita né in quella di Mattie. Egli non aveva nemmeno toccato la punta delle sue dita né l'aveva guardata negli occhi. Ma la serata passata insieme gli aveva dato una visione di cosa potesse essere la vita al fianco di Mattie, e ora era contento di non aver fatto nulla che turbasse la dolcezza del quadro. Egli aveva una mezza idea che essa sapesse cosa lo aveva trattenuto...

Vi era un ultimo carico di legname da trasportare al villaggio, e Jotham Powell - che d'inverno non lavorava regolarmente per Ethan - era venuto per aiutarlo a caricare. Ma una neve bagnata, che si scioglieva in nevischio, era caduta durante la notte, e le strade erano diventate di vetro. C'era ancora dell'umido nell'aria, e ai due uomini sembrò probabile che il tempo si sarebbe addolcito verso il pomeriggio e che perciò le strade sarebbero state più sicure. Ethan quindi propose al suo aiutante di caricare la slitta nel recinto del legname, come avevano fatto la mattina prima, e di rimandare il trasporto a Starkfield al pomeriggio. Questo piano aveva il vantaggio di permettergli di mandare Jotham a Flats dopo desinare a prendere Zenobia, mentre egli stesso portava il legname al villaggio.

Disse a Jotham di attaccare i cavalli, e per un momento egli e Mattie rimasero soli. Essa aveva immerso i piatti della colazione in una bacinella di alluminio ed era curva sopra di essa con le sottili braccia scoperte fino al gomito, mentre il vapore dell'acqua bollente le imperlava la fronte e ammatassava i suoi forti capelli in anellini marrone come i viticci della clematide.

Ethan si fermò a guardarla, col cuore in gola. Avrebbe voluto dire: "Non saremo mai più soli come in questo momento". Invece prese la borsa del tabacco da uno scaffale, se la mise in tasca e disse: "Penso di farcela a tornare per cena".

Essa rispose: "Benissimo, Ethan", ed egli uscendo la udì cantare mentre lavava i piatti.

Ethan aveva deciso che appena la slitta fosse stata caricata, avrebbe rimandato Jotham alla fattoria ed egli stesso se ne sarebbe andato svelto a piedi al villaggio a comperare la colla per il piatto.

Normalmente, egli avrebbe avuto il tempo di svolgere il suo piano; ma tutto andò storto fin dal principio. Andando verso il recinto del legname, uno dei cavalli scivolò su una lastra di ghiaccio e si ferì al ginocchio; quando riuscirono a rialzarlo, Jotham dovette tornare alla fattoria a prendere una striscia di tela per fasciare la ferita. Poi, quando finalmente iniziarono a caricare, cominciò di nuovo a cadere un nevischio misto a pioggia, e i tronchi erano così scivolosi che ci volle il doppio di tempo per sollevarli, e collocarli sulla slitta. Era proprio quella che Jotham chiamava una brutta mattinata per lavorare, e ai quattro cavalli, che tremavano e scalpitavano sotto le loro coperte bagnate, piaceva altrettanto poco che ai due uomini. Era passata da parecchio l'ora di pranzo quando il lavoro fu terminato, ed Ethan dovette rinunciare ad andare al villaggio perché voleva riportare a casa il cavallo ferito e medicarlo egli stesso. Pensò che se partiva subito col legname, appena finito di desinare, ce l'avrebbe fatta a essere di ritorno alla fattoria con la colla prima che Jotham e il vecchio sauro fossero arrivati a Flats a prendere Zenobia; ma sapeva che non erano molte le probabilità di farcela. Dipendeva dallo stato delle strade e dall'eventuale ritardo del treno di Bettsbridge.

Più tardi gli accadde di ripensare, con un impeto di cupa derisione, a quanto gli erano sembrate importanti queste probabilità...

Appena il desinare fu terminato, ripartì verso il recinto del legname, non osando trattenersi finché Jotham Powell se ne fosse andato. Costui stava ancora asciugandosi i piedi alla stufa, ed Ethan poté solo rivolgere un rapido sguardo a Mattie mentre diceva sottovoce: "Tornerò presto".

Gli sembrò che essa annuisse e avesse compreso; e con questa magra consolazione dovette uscire sotto la pioggia.

Ethan era arrivato col suo carico a metà strada, quando Jotham Powell lo raggiunse, spronando il sauro riluttante verso Flats. "Bisognerà che mi sbrighi" pensò Ethan, mentre la slitta iniziava la discesa della collina della scuola. Lavorò come dieci uomini a scaricare, e quando ciò fu fatto andò di corsa da Michael Eady per la colla. Eady e il suo aiutante erano ambedue "usciti un momento" e il giovane Denis, il quale raramente si degnava di prendere il loro posto, se ne stava allungato vicino alla stufa in mezzo a un gruppo formato dalla gioventù dorata di Starkfield. Salutarono Ethan con premura ironica e offerte di compagnia; ma nessuno sapeva dove stava la colla. Ethan, arso dal desiderio di passare un ultimo momento solo con

Mattie, aspettava impazientemente mentre Denis tentava di cercare la colla negli angoli più bui del negozio.

"Sembrerebbe che l'abbiamo finita. Ma se aspetti finché viene mio padre, lui forse potrà trovarla."

"Grazie infinite, ma vedrò se mi riesce di trovarla dalla signora Homan" rispose Ethan, ardendo dal desiderio di andarsene.

L'istinto commerciale di Denis lo costrinse a giurare che quello che non si trovava nel negozio di Eady non si sarebbe mai trovato in quello della vedova Homan; ma Ethan, senza badargli, era già salito sulla slitta e si stava dirigendo verso il negozio rivale. Qui, dopo molto cercare e molte domande su perché la volesse e per cosa gli dovesse servire, e se la solita colla di farina non avrebbe potuto fare al caso se non avesse trovato l'altra, la vedova Homan finalmente scoprì l'unica bottiglia di colla nel suo nascondiglio, in mezzo a una confusione di pasticche per la tosse e merletti da busto.

"Spero che Zeena non abbia rotto qualcosa a cui teneva" gli gridò, mentre egli dirigeva i cavalli verso casa.

Il nevischio era divenuto nel frattempo pioggia fitta e i cavalli facevano fatica anche senza il carico. Un paio di volte, udendo campanelli da slitta, Ethan volse il capo, pensando che Zeena e Jotham lo avessero sorpassato; ma il vecchio sauro non era in vista, ed egli rivolse il viso contro la pioggia e incitò la pesante pariglia.

Il fienile era vuoto quando i cavalli vi entrarono, e, dopo aver rivolto loro le cure più frettolose che mai avessero ricevuto da lui, si incamminò a passo veloce verso la casa e aprì la porta di cucina.

Mattie era là, sola, come egli l'aveva immaginata. Era curva sopra una pentola sulla stufa; ma al rumore dei suoi passi si volse di scatto e gli corse incontro.

"Guarda, Matt, ho qui qualcosa per aggiustare il piatto! Fammelo fare subito" egli gridò, agitando la bottiglia in una mano mentre con l'altra la allontanava leggermente; ma sembrò che essa non lo udisse.

"Oh, Ethan... Zeena è ritornata" disse Mattie in un bisbiglio, afferrando la sua manica. Si fissarono l'un l'altro, pallidi come due colpevoli.

"Ma il sauro non è nel fienile!" balbettò Ethan.

"Jotham Powell ha portato della roba per sua moglie da Flats, ed ha proseguito col carico per casa sua" essa spiegò.

Egli volse uno sguardo sconcertato in giro per la cucina, che aveva un'aria fredda e squallida nel piovoso crepuscolo invernale.

"Come sta?" chiese, bisbigliando come Mattie. Essa distolse lo sguardo da lui, incerta: "Non lo so. È andata diritta in camera sua".

"Non ha detto niente?"

"No."

Ethan espresse i suoi dubbi con un lieve fischio e si rimise la bottiglia in tasca.

"Non preoccuparti. Lo incollerò questa notte" disse. Si rimise il cappotto bagnato e ritornò al fienile per dare da mangiare ai cavalli.

Mentre era là, arrivò Jotham Powell con la slitta, e dopo che i cavalli furono sistemati, Ethan gli disse: "Vieni con me a casa a mangiare un boccone". Preferiva assicurarsi la presenza neutralizzante di Jotham a cena, perché Zeena era sempre "nervosa" dopo un viaggio. Ma il bracciante, che di solito accettava volentieri un pasto non incluso nel suo salario, aprì le rigide mascelle e rispose lentamente: "Ti ringrazio, ma credo che tornerò a casa mia".

Ethan lo guardò sorpreso: "Fai bene a venire con

me e asciugarti un po'. Sembra che ci sia qualcosa di caldo per cena".

I muscoli facciali di Jotham rimasero immobili a questa tentazione, e, siccome il suo vocabolario era limitato, ripeté solamente: "Penso che tornerò a casa".

A Ethan sembrò che vi fosse qualcosa di cattivo augurio in questo stolido rifiuto di un pasto gratuito e di una stanza calda e si chiese cosa fosse successo durante il ritorno da Flats per spingere Jotham a un simile stoicismo. Forse Zeena non era riuscita a vedere il nuovo dottore, oppure non le erano piaciuti i suoi consigli: Ethan sapeva che in casi simili essa riversava facilmente il suo cruccio sulla prima persona che incontrava..

Quando rientrò in cucina, la lampada illuminava la stessa scena di caldo agio della sera prima. La tavola era apparecchiata con altrettanta cura, un bel fuoco ardeva nella stufa, il gatto sonnecchiava al caldo e Mattie avanzò portando un piatto di frittelle.

Mattie ed Ethan si guardarono in silenzio; poi essa disse, come aveva detto la sera prima: "Penso che sia ora di cena".

VII

Ethan andò nell'ingresso per appendere i suoi indumenti bagnati. Tese l'orecchio per sentire il passo di Zeena, e, non udendolo, la chiamò dalle scale. Essa non rispose, e, dopo un momento di esitazione, egli salì e aprì la porta.

La stanza era quasi buia, ma nell'oscurità vide che Zeena era seduta vicino alla finestra, diritta e impettita sulla seggiola, e si rese subito conto, dalla rigidità della sua figura sullo sfondo del vetro, che essa non si era tolta il vestito da viaggio.

"Ebbene, Zeena" s'arrischiò a dire dalla soglia.

Essa non si mosse, ed egli continuò: "La cena è quasi pronta. Non scendi?"

Essa rispose: "Non mi sento di toccare cibo".

Era la formula abituale, ed egli si aspettava che, come al solito, dopo averla pronunciata, Zeena si alzasse e scendesse a cena. Ma essa rimase seduta, ed egli non trovò nulla di più indovinato da dire che: "Penso che sarai stanca dopo il viaggio".

A queste parole, essa volse il capo e rispose con solennità:

"Sono molto più malata di quello che pensi".

Le sue parole suscitarono in Ethan una strana ansietà. L'aveva spesso sentita pronunciarle, prima di allora... e se infine fossero vere?

Avanzò di un passo o due nella stanza: "Spero tanto che non sia così, Zeena" disse. Essa continuò a guardarlo attraverso il crepuscolo con un'espressione autoritaria nel pallido volto, come di persona conscia di essere prescelta per un grande destino: "Ho delle complicazioni" disse.

Ethan sapeva che questa parola era di eccezionale importanza. Quasi tutti nel vicinato avevano "malanni" ben localizzati; ma solo quelli scelti avevano "complicazioni". Averle era un segno di distinzione, ma anche, nella maggioranza dei casi, una sentenza di morte. La gente tirava avanti per anni, con i "malanni", ma soccombeva quasi sempre alle "complicazioni".

Il cuore di Ethan era diviso tra due sentimenti opposti, ma per il momento prevalse la compassione. Sua moglie aveva un'aria così dura e triste, seduta lì nel buio con simili pensieri nella mente.

"È questo ciò che ti ha detto il nuovo dottore?" chiese, abbassando istintivamente la voce.

"Sì. Dice che qualsiasi medico normale mi farebbe operare."

Ethan sapeva che, per quanto riguardava l'importante questione degli interventi chirurgici, l'opinione femminile del vicinato era divisa in due fazioni, una che si gloriava del prestigio conferito da un'operazione, e l'altra che era contraria perché la riteneva una cosa indelicata. Ethan, per motivi di economia, era sempre stato contento che Zeena facesse parte di quest'ultima fazione.

Nell'agitazione causata dalla gravità di questa notizia, egli cercò un sistema per consolarla.

"Ma, in fondo, cosa sai di questo dottore? Nessun altro medico ti aveva mai parlato così."

Si accorse dell'errore che aveva commesso ancor prima che Zeena afferrasse le sue parole: essa voleva comprensione, non consolazione.

"Non avevo bisogno che qualcuno mi dicesse che sto perdendo terreno ogni giorno. Questo lo potevano constatare tutti, tranne tu. E tutti a Bettsbridge conoscono il dottor Buck. Ha il suo gabinetto a Worcester, e viene ogni quindici giorni a

Shadd's Falls e a Bettsbridge per consultazioni. Eliza Spears stava morendo di nefrite, prima di farsi vedere da lui, e adesso è guarita e in piedi, e canta nel coro."

"Bene, ne sono contento. Allora devi fare esattamente quello che il medico ti ha detto di fare" rispose Ethan con comprensione.

Zeena lo stava ancora guardando.

"Questa è appunto la mia intenzione" disse. Ethan fu colpito da una nota nuova nella sua voce. Non era lamentosa o piena di rimprovero, ma secca e risoluta.

"Cosa vuole che tu faccia?" egli chiese, mentre davanti ai suoi occhi si delineava un panorama di nuove spese.

"Vuole che abbia una ragazza salariata. Dice che io non dovrei fare niente in casa, neanche il più piccolo lavoro."

"Una ragazza salariata?" Ethan rimase di sasso.

"Sì. E la zia Marta me ne ha trovata una subito. Tutti hanno detto che sono stata fortunata a trovare una ragazza che fosse disposta a venire qui in campagna, e io mi sono messa d'accordo con lei di darle un dollaro in più, per assicurarmela. Verrà domani pomeriggio."

Ethan era diviso tra la rabbia e il disappunto. Aveva previsto una immediata richiesta di denaro, ma non un permanente dissanguamento delle sue esigue risorse. Non credeva più a quello che Zeena gli aveva detto circa la gravità del suo male: vedeva nella spedizione a Bettsbridge solamente una congiura tra Zeena e i suoi parenti Pierce per addossargli la spesa di una donna di servizio; e, per il momento, la rabbia predominò.

"Se avevi intenzione di prendere una donna di servizio dovevi dirmelo prima di partire" disse egli.

"E come potevo dirtelo prima di partire? Come

potevo sapere quello che avrebbe detto il dottor Buck?"

"Oh, il dottor Buck..." L'incredulità di Ethan si rivelò in una breve risata. "Forse che il dottor Buck ti ha detto come farò a pagarle il salario?"

La voce di Zeena si alzò furiosamente assieme alla sua: "No, non me lo ha detto. Perché mi sarei vergognata di fargli sapere che mi rifiuti il denaro necessario per ridarmi la salute, quando io l'ho persa per assistere tua madre!"

"*Tu* hai perso la salute assistendo mia madre?"

"Sì; e tutti i miei parenti mi dissero allora che il meno che potevi fare era di sposarmi, dopo che..."

"Zeena!"

Nell'oscurità che nascondeva i volti, i loro pensieri sembravano lanciarsi l'uno contro l'altro come serpenti che schizzano veleno. Ethan fu preso da disgusto per quella scenata, ed ebbe vergogna di se stesso. Era selvaggia e senza senso come una lotta tra due nemici nel buio.

Si volse verso lo scaffale che stava sopra il camino, cercò a tentoni i fiammiferi e accese l'unica candela che vi era nella stanza. Dapprima la debole fiammella non squarciò le tenebre; poi il viso di Zeena prese rilievo sullo sfondo del vetro della finestra priva di tende, che da grigio era divenuto nero.

Era il primo scoppio di ira aperta tra di loro, in quei sette tristi anni che avevano passato assieme; ed Ethan sentì che si era messo in una posizione di svantaggio scendendo al livello delle recriminazioni. Ma vi era il problema pratico e bisognava risolverlo.

"Tu sai che non ho i soldi per pagare una donna di servizio, Zeena. Sarà necessario che tu la rimandi indietro: non lo posso fare."

"Il dottore dice che sarà la mia morte continuare

a sgobbare come ho dovuto fare finora. Non capisce come ho potuto resistere per tanto tempo."

"Sgobbare!..." Di nuovo egli si trattenne. "Non avrai da alzare un dito, se lui vuole così. Farò tutto da me in casa..." Essa lo interruppe: "Già trascuri abbastanza la fattoria", e siccome questo era vero, egli non trovò una risposta e così le dette tempo di aggiungere ironicamente: "Meglio che tu mi mandi all'ospizio, così sarà finita... Ci devono essere stati degli altri Frome prima d'ora".

Questa stoccata lo ferì, ma si astenne dal reagire. "Non ho denaro. E ciò chiude la questione."

Vi fu una breve pausa nella lotta, come se i due contendenti saggiassero le loro armi. Poi Zeena disse con voce piana: "Credevo che tu dovessi avere cinquanta dollari da Andrew Hale per quel legname".

"Andrew Hale non paga mai prima di tre mesi."

Aveva appena pronunciato queste parole quando ricordò la scusa che aveva inventato per non accompagnare sua moglie alla stazione il giorno precedente; e il sangue gli salì al volto corrucciato.

"Ma come, me lo hai detto tu ieri che vi eravate messi d'accordo per un pagamento in contanti. Hai detto che questo era il motivo per cui non mi potevi accompagnare a Flats."

Ethan non era bravo a dir bugie. Non aveva mai detto una bugia prima di allora, e la presenza di spirito gli mancò.

"Temo sia stato un malinteso" balbettò.

"Non hai questi soldi?"

"No."

"E nemmeno li avrai?"

"No."

"Ebbene, questo non lo potevo sapere quando ho fissato la donna di servizio, ti pare?"

"No." Egli tacque per riprendere il controllo sulla sua voce. "Ma ora lo sai. Mi dispiace, ma non ci si può far nulla. Sei la moglie di un uomo povero, Zeena; ma farò tutto quello che potrò per te."

Per un po' essa stette immobile, come se riflettesse, con le braccia allungate sui braccioli della seggiola, gli occhi fissi nel vuoto. "Oh, penso che in qualche modo faremo" disse mitemente.

Il cambiamento del suo tono di voce lo rassicurò: "Ma certo! Vi sono tante cose che posso fare in più per te, e Mattie..."

Zeena, mentre egli parlava, sembrava seguire qualche suo complicato calcolo mentale. Se ne risvegliò per dire:

"In ogni modo, ci sarà il mantenimento di Mattie in meno..."

Ethan, pensando che la discussione fosse terminata, si era voltato per scendere a cena. Si fermò improvvisamente, non afferrando quello che aveva sentito. "Il mantenimento di Mattie in meno...?" cominciò.

Zeena rise. Era un suono strano e poco familiare... Non ricordava di averla mai sentita ridere prima d'allora. "Non pensavi che volessi mantenere due ragazze, vero? Non mi meraviglio che tu fossi spaventato per la spesa!"

Egli ancora comprendeva solo confusamente ciò che lei diceva. Dall'inizio della discussione aveva istintivamente evitato di menzionare il nome di Mattie, temendo non sapeva neppur lui cosa: critiche, lagnanze, o vaghe allusioni all'imminente possibilità del suo matrimonio. Ma il pensiero di una rottura definitiva non gli era mai venuto in mente, e anche adesso non lo poteva accettare.

"Non so cosa tu voglia dire" disse. "Mattie Silver non è una donna di servizio. È una tua parente."

"È una ragazza senza un soldo che si è aggrappata a noi dopo che suo padre ha fatto del suo meglio per rovinarci. L'ho tenuta qui per un intero anno: ora tocca a qualcun altro."

Mentre queste parole venivano pronunciate con voce stridula, Ethan sentì bussare alla porta, che aveva chiuso quando era tornato indietro dalla soglia.

"Ethan... Zeena!" La voce di Mattie risuonò allegra dal pianerottolo. "Lo sapete che ora è? La cena è pronta da mezz'ora!"

Nella stanza vi fu un attimo di silenzio; poi Zeena disse ad alta voce, senza muoversi dalla seggiola: "Non scendo a cena".

"Oh, mi dispiace! Non stai bene? Ti porto su qualcosa da mangiare?"

Ethan si scosse con uno sforzo e aprì la porta. "Va' giù, Mattie... Zeena è solo un po' stanca. Vengo subito."

Egli udì il suo: "Benissimo" e il suo passo agile per le scale; poi rientrò nella stanza e richiuse la porta. L'atteggiamento di sua moglie non era cambiato, il suo viso era inesorabile, ed egli fu preso da una disperante sensazione di impotenza.

"Non lo farai, vero, Zeena?"

"Fare cosa?" essa articolò a labbra strette.

"Mandar via Mattie... così?"

"Non ho mai fatto un contratto che l'avrei tenuta per tutta la vita!"

Egli continuò con crescente veemenza: "Tu non puoi buttarla fuor di casa come una ladra... una povera ragazza senza soldi né amici. Essa ha fatto quello che poteva per te e non ha nessun posto dove andare. Tu puoi anche dimenticare che è tua parente, ma tutti gli altri se ne ricorderanno. Cosa pensi che dirà la gente di te, se fai una cosa simile?"

Zeena attese un momento, come per dargli tempo di misurare la forza del contrasto tra la sua eccitazione e la propria compostezza. Poi rispose con la stessa voce piana: "So abbastanza bene cosa dicono perché l'ho tenuta qui per tutto questo tempo".

La mano di Ethan cadde dalla maniglia della porta, che aveva tenuta stretta da quando aveva chiuso l'uscio. La risposta di sua moglie era come una coltellata ai tendini, ed egli si sentì improvvisamente debole e impotente. Aveva pensato di umiliarsi, di farle osservare che il mantenere Mattie non costava molto, dopotutto, che avrebbe cercato di comprare una stufa e sistemare una stanza in soffitta per la donna di servizio... Ma le parole di Zeena gli rivelarono il pericolo di perorare la sua causa.

"Hai intenzione di dirle che se ne deve andare... subito?" egli balbettò, per il terrore che sua moglie completasse la frase.

Come se cercasse di fargli intendere ragione essa rispose imparzialmente: "La donna di servizio arriverà da Bettsbridge domani, e penso che Mattie dovrà dormire da qualche parte".

Ethan la guardò con odio. Non era più la creatura svogliata che era vissuta vicino a lui ostinatamente assorbita in se stessa, ma una misteriosa presenza nemica, un'energia maligna prodotta da lunghi anni di silenziosa accidia. Era il suo senso di impotenza ad acuire la sua antipatia. In lei non vi era stato mai qualcosa a cui si potesse fare appello; ma finché poteva ignorare e comandare era rimasto indifferente. Ora essa lo aveva dominato, ed egli la odiava. Mattie era parente di Zeena, non sua: non vi era alcun mezzo con cui egli potesse costringerla a tenere la ragazza sotto il suo tetto.

Tutta la lunga infelicità del suo passato, della sua gioventù fatta di frustrazioni, difficoltà, vani sforzi, risorse nel suo animo con amarezza e sembrò che si materializzasse dinanzi a lui nella donna che a ogni svolta gli aveva sbarrato la strada. Essa gli aveva portato via tutto; e adesso voleva portargli via anche l'unica cosa che avrebbe potuto compensare tutte le altre. Per un attimo, una tale fiammata di odio divampò in lui, che se la sentì scorrere per il braccio e gli fece alzare il pugno chiuso contro di lei. Fece un rapido passo avanti, poi si fermò.

"Tu... tu non scendi?" disse con voce sgomenta.

"No. Credo che mi sdraierò sul letto per un po'" essa rispose mitemente; ed egli si volse ed uscì dalla stanza. In cucina, Mattie stava seduta vicino alla stufa con il gatto sulle ginocchia. Balzò in piedi quando vide Ethan entrare e portò in tavola il piatto coperto che conteneva lo sformato di carne.

"Spero che Zeena non sia ammalata" disse.

"No."

Essa gli sorrise attraverso la tavola.

"Bene, allora siediti. Devi essere morto di fame." Essa scoprì lo sformato e glielo porse. E così abbiamo un'altra serata insieme, soli, sembravano dire i suoi occhi felici!

Egli si servì meccanicamente e cominciò a mangiare; poi fu preso da una specie di nausea, e depose la forchetta. Mattie lo stava guardando con uno sguardo tenero e notò il gesto.

"Dimmi, Ethan, cosa c'è? Non è buono?"

"Sì... è ottimo. Solo che io..." Allontanò il piatto, si alzò dalla seggiola e si avvicinò a lei. Essa si alzò, gli occhi pieni di spavento.

"Ethan, c'è qualcosa che non va! Lo sapevo che c'era qualcosa!"

Essa sembrò fondersi contro di lui per il terrore, ed egli la prese tra le braccia, ve la tenne stretta, e sentì le sue ciglia battere contro la sua guancia come farfalle prese nella rete.

"Cosa c'è... cosa c'è?" essa balbettò; ma egli aveva finalmente trovato le sue labbra e ne stava suggendo incoscienza di tutto tranne che della gioia che gli davano.

Essa fu invasa dallo stesso forte fluido: poi si svincolò dal suo abbraccio e indietreggiò di un passo o due, pallida e sconvolta. Il suo sguardo lo rese contrito, ed egli gridò, come se la vedesse affogare in un sogno: "Non te ne puoi andare, Matt! Non ti lascerò mai andar via!"

"Andare... andar via?" essa balbettò. "Devo andar via?"

Queste parole continuarono a echeggiare tra di loro come se, per allarme, una torcia fosse passata di mano in mano in un paesaggio nero.

Ethan fu preso da vergogna per la sua mancanza di controllo e per aver buttato là la notizia così brutalmente. La testa gli girava, e dovette appoggiarsi al tavolo. Si sentiva come se la stesse ancora baciando, e nello stesso tempo moriva dal desiderio delle sue labbra.

"Ethan, cosa è accaduto? Zeena è arrabbiata con me?"

Questo grido gli fece riacquistare il controllo, pur acuendo la sua ira e la sua pena.

"No, no" egli la rassicurò. "Non è questo. Ma il nuovo dottore le ha messo delle paure addosso. Sai bene che essa crede a tutto ciò che le dicono la prima volta. E questo dottore le ha detto che non guarirà se non si mette a letto e non si decide a non far più nulla in casa... per mesi e mesi..."

Egli tacque, e i suoi occhi sfuggirono disperatamente lo sguardo di lei. Essa rimase un momento in silenzio, china dinanzi a lui come un ramo schiantato. Era così minuta e fragile che gli si spezzava il cuore; ma improvvisamente essa alzò la testa e lo guardò diritto negli occhi.

"E lei vuole avere qualcuno che sia più capace di me? È così?"

"È ciò che ha detto questa sera."

"Se lo dice questa sera, lo dirà anche domani."

Ambedue dovettero inchinarsi alla inesorabile verità; sapevano che Zeena non cambiava mai idea, e che per lei, una volta presa una decisione, questa equivaleva a un'azione già compiuta.

Vi fu un lungo silenzio tra di loro; poi Mattie disse a voce bassa: "Non essere troppo triste, Ethan".

"Oh Dio... Oh Dio" egli gemette. L'impeto di passione che aveva sentito per lei si era trasformato in dolorosa tenerezza. Vide le palpebre di Mattie battere svelte per ricacciare le lacrime e sentì un forte desiderio di prenderla tra le braccia e consolarla.

"La cena si sta freddando" essa lo ammonì, con un pallido raggio di allegria.

"Oh Matt... Matt... dove andrai?"

Le sue palpebre si abbassarono e un tremore percorse il suo volto. Ethan vide che per la prima volta essa formulava distintamente il pensiero del futuro.

"Potrei trovare qualcosa da fare a Stamford" essa disse con voce tremante, come se comprendesse che egli sapeva bene che non vi era speranza per lei.

Egli ricadde sulla seggiola e si nascose il volto tra le mani. Fu preso dalla disperazione al pensiero di lei che doveva ricominciare da sola la dura ricerca di un lavoro. Nell'unico posto dove era conosciuta, era circondata da indifferenza e animosità; e quali probabilità di trovare un'occupazione poteva avere, priva di esperienza e senza un mestiere in mano, tra i milioni di persone che cercavano lavoro nelle grandi città?

Gli ritornarono in mente tristi storie che aveva sentito a Worcester, e i volti di ragazze la cui vita era iniziata piena di speranze, come quella di Mattie... Non era possibile pensare a cose simili senza ribellarsi con tutto il proprio essere. Improvvisamente balzò in piedi:

"Non te ne puoi andare, Matt! Non ti lascerò andar via! Zeena ha sempre fatto come ha voluto, ma questa volta farò come voglio io..."

Mattie alzò la mano in un rapido gesto, ed egli udì il passo di sua moglie dietro di lui.

Zeena entrò col suo passo strascicato e, in silenzio, si sedette al suo solito posto, tra di loro.

"Mi sono sentita un pochino meglio, e il dottor Buck dice che dovrei mangiare il più possibile per mantenermi in forze, anche se non ho appetito" disse col suo tono lamentoso, allungando la mano davanti a Mattie per prendere la teiera. Il vestito "buono" era stato sostituito da quello di cotone nero e dallo scialle marrone che portava ogni giorno, e con essi aveva assunto di nuovo il solito viso e le solite maniere. Si versò il tè, vi aggiunse molto latte, prese una grossa fetta di sformato e cetriolini, e fece il solito gesto di aggiustarsi la dentiera prima di cominciare a mangiare. Il gatto si strofinò contro di lei, ed essa disse: "Buono, micio", si chinò ad accarezzarlo e gli diede un pezzetto di carne dal suo piatto.

Ethan stava seduto senza aprir bocca, non fingendo neppure di mangiare; ma Mattie spilluzzicò coraggiosamente il cibo e fece a Zeena un paio di domande sulla sua visita a Bettsbridge. Zeena rispose nel suo tono solito e, animandosi, raccontò loro, con vivide descrizioni, i disturbi intestinali di vari amici e parenti. Mentre parlava, guardava Mattie diritto in faccia e un debole sorriso le approfondiva le rughe verticali tra il naso e il mento.

Quando la cena fu terminata, Zeena si alzò e premette la mano sulla superficie piatta che corrispondeva alla zona del cuore. "Questo tuo sformato è sempre un po' pesante, Matt" disse, ma senza astio. Essa abbreviava di rado il nome della ragazza, e quando lo faceva era sempre un segno di affabilità.

"Sarà meglio che vada a cercare quella medicina per digerire che ho comprato l'anno scorso a Springfield" essa continuò. "Non l'ho presa da parecchio tempo, e forse mi farà passare il bruciore allo stomaco." Mattie alzò gli occhi: "Posso andare a prendertela io, Zeena?" azzardò.

"No. È in un posto che non conosci" rispose Zeena cupamente, con uno dei suoi sguardi misteriosi.

Uscì dalla cucina, e Mattie, alzatasi da tavola, cominciò a sparecchiare. Passando vicino a Ethan, i loro occhi si incontrarono e si fissarono desolatamente. La cucina, calda e silenziosa, aveva lo stesso aspetto tranquillo della sera precedente. Il gatto era saltato sulla seggiola a dondolo di Zeena, e il calore del fuoco cominciava a far sprigionare dai gerani il loro leggero, acuto profumo. Ethan si alzò con stanchezza.

"Esco a dare un'occhiata fuori" disse, andando verso l'ingresso per accendere la lanterna.

Giunto alla porta incontrò Zeena che stava ritornando in cucina, con le labbra che tremavano dall'ira e il pallido viso congestionato. Lo scialle le era scivolato dalle spalle e strascicava per terra: in mano teneva i frammenti del piatto di vetro.

"Mi piacerebbe sapere chi ha fatto questo" essa disse, guardando severamente prima Ethan e poi Mattie.

Non vi fu risposta, ed essa continuò, con voce tremante: "Sono andata a prendere la medicina che avevo riposto nella busta degli occhiali del babbo, in cima all'armadio, dove stanno le cose alle quali tengo di più perché la gente non le tocchi..." La voce le mancò, e due lacrime apparvero sulle sue palpebre prive di ciglia e le corsero giù per le guance. "Ci vuole la scala per arrivare allo scaffale più alto, e io vi avevo messo il piatto della zia Philura Maple apposta, quando ci siamo sposati, e da quel giorno non è mai stato toccato tranne che per le pulizie di Pasqua, e anche allora lo maneggiavo sempre io stessa perché non venisse rotto."

Essa depose i frammenti sul tavolo con reverenza. "Voglio sapere chi lo ha rotto" ripeté con voce tremante.

Udendo ciò, Ethan ritornò in cucina e l'affrontò: "Te lo posso dire io. Lo ha rotto il gatto".

"Il gatto?"

"È quello che ho detto."

Essa lo guardò fisso, poi volse gli occhi a Mattie che stava portando il catino dei piatti al tavolo.

"Vorrei sapere come ha fatto il gatto a entrare nel mio armadio" disse.

"Inseguendo topi, suppongo" rispose Ethan. "Ieri sera c'era un topo in cucina." Zeena continuò a guardarli, prima l'uno, poi l'altra; quindi emise la sua strana, secca risata. "Sapevo che il gatto era un gatto intelligente," disse con voce stridula "ma non sapevo che fosse così intelligente da raccogliere i frammenti del mio piatto e rimetterli insieme per benino sullo stesso scaffale dal quale lo ha fatto cadere."

Improvvisamente Mattie levò le braccia dall'acqua bollente. "Non è stata colpa di Ethan, Zeena! È stato effettivamente il gatto a rompere il piatto; ma sono stata io a prenderlo dalla credenza, e se si è rotto la colpa è mia."

Zeena rimase ferma dinanzi alle rovine del suo tesoro, irrigidita in un'immagine pietrificata di risentimento.

"*Tu* hai preso il mio piatto... e perché?"

Mattie arrossì. "Volevo apparecchiare bene la tavola per la cena" disse.

"Volevi apparecchiare bene la tavola per la cena, e hai atteso che io voltassi le spalle per prendere l'oggetto al quale tengo più di tutti e che non ho mai voluto adoperare, nemmeno quando il pastore viene a cena o la zia Marta Pierce viene a trovarci da Bettsbridge..." Zeena s'interruppe con uno sforzo per respirare, come se fosse terrificata dalla propria evocazione del sacrilegio.

"Sei una cattiva ragazza, Mattie Silver, e io l'ho sempre saputo. Così ha cominciato tuo padre, e ne fui avvisata quando ti presi, e cercai di tenere le mie cose in un posto dove tu non potessi toccarle... e ora mi hai portato via la cosa alla quale tenevo più di tutte..."

La voce le mancò per un breve attacco di singhiozzi che tuttavia si calmò subito e la fece rimanere più che mai come una figura di pietra.

"Se avessi dato retta alla gente, te ne saresti andata di qui prima d'ora, e questo non sarebbe successo" essa disse, e raccogliendo i pezzi di vetro uscì dalla cucina come se portasse tra le braccia un cadavere...

VIII

Quando Ethan era stato richiamato alla fattoria perché suo padre si era ammalato, sua madre gli aveva dato, per uso personale, una piccola stanza dietro il "salotto buono". Qui egli aveva sistemato degli scaffali per i libri, si era costruito un divano con assi di legno e un materasso, aveva disposto le sue carte su un tavolo da cucina, aveva appeso al muro rozzamente intonacato una stampa di Abramo Lincoln e un calendario con *Pensieri di Poeti*, e aveva tentato di ottenere con queste cose una qualche somiglianza con lo studio di un pastore che era stato gentile con lui e gli aveva prestato dei libri quando era a Worcester. Tuttora Ethan si rifugiava in questa stanza, d'estate. Ma quando Mattie era venuta ad abitare alla fattoria egli aveva dovuto darle la sua stufa, e perciò la stanza non era abitabile per molti mesi dell'anno.

Qui egli si ritirò appena la casa fu avvolta nel silenzio, e il respiro regolare di Zeena dal letto lo rassicurò sul fatto che non vi sarebbe stato un seguito alla scenata avvenuta in cucina. Dopo che Zeena se n'era andata, egli e Mattie erano rimasti muti, senza cercare di avvicinarsi l'uno all'altro.

Poi la ragazza aveva continuato a mettere in ordine la cucina per la notte, ed egli, presa la lanterna, era uscito per il solito giro intorno alla casa. Al suo ritorno la cucina era vuota; ma la sua borsa del tabacco e la pipa erano state messe sul tavolo e sotto di esse vi era un pezzo di carta, strappato da un catalogo di semi, sul quale stavano scritte tre parole: "Non preoccuparti, Ethan".

Entrato nel suo freddo, buio "studio", Ethan depose la lanterna sul tavolo, e curvo alla luce, lesse e rilesse il messaggio. Era la prima volta che Mattie gli scriveva, e il possedere quel pezzo di carta gli diede una strana, nuova sensazione della sua vicinanza; però acuì anche la sua angoscia ricordàndogli che in futuro non avrebbero avuto altro mezzo di comunicare. Invece della vita del suo sorriso, del calore della sua voce, solo morte parole e fredda carta!

Confusi moti di ribellione si agitavano in lui. Egli era troppo giovane, troppo forte, troppo pieno di linfa vitale per accettare così facilmente la distruzione delle sue speranze. Doveva davvero logorare tutti i suoi anni futuri a fianco di una donna amara e querula? Vi erano state in lui altre possibilità, possibilità sacrificate una a una all'ignoranza e alla ristrettezza mentale di Zeena. E a cosa era servito? Essa era cento volte più amara e più scontenta di quando l'aveva sposata: l'unico piacere che le era rimasto era quello di infliggergli dolore. Tutti i sani istinti di conservazione si ribellarono in lui a un simile spreco...

Egli si avvolse nel suo vecchio cappotto di pelo e si sdraiò sul divano a pensare. Sotto la guancia sentì un oggetto duro che aveva strane protuberanze. Era un cuscino che Zeena aveva fatto per lui quando erano fidanzati... l'unico ricamo che le aveva mai visto fare. Lo gettò in terra e appoggiò la testa al muro...

Sapeva di un tale che abitava al di là della montagna - un giovane della sua età - che era riuscito a sfuggire a una simile vita di miserie rifugiandosi nel West con la ragazza che amava. La moglie aveva divorziato da lui, ed egli, sposata la ragazza, aveva fatto soldi. Ethan aveva visto la coppia l'estate precedente a Shadd's Falls, dove erano venuti per visitare i parenti. Avevano una bambina dai riccioli dorati, la quale portava un medaglione d'oro al collo ed era vestita come una principessa. Anche la moglie abbandonata si era sistemata bene. Il marito le aveva lasciato la fattoria ed essa era riuscita a venderla, e col ricavato e gli alimenti aveva aperto una trattoria a Bettsbridge ed era divenuta attiva e importante.

Ethan fu entusiasmato da questa idea. Perché non partire con Mattie il giorno dopo, invece di lasciarla andare da sola? Avrebbe nascosto la sua valigia sotto il sedile della slitta e Zeena non avrebbe sospettato nulla fino a quando fosse salita in camera per il solito pisolino pomeridiano: allora avrebbe trovato una lettera sul letto...

I suoi impulsi erano ancora superficiali, ed egli balzò dal divano, riaccese la lanterna e sedette al tavolo. Cercò un foglio di carta nel cassetto, lo trovò e cominciò a scrivere.

"Zeena, ho fatto per te quello che ho potuto, ma vedo che non è servito a nulla. Non ne hai colpa, come neppure io ne ho colpa. Forse tutti e due staremo meglio separati. Vado a cercare fortuna nel West, e tu potrai vendere la fattoria e il mulino e tenerti il denaro..."

La penna si fermò sulla parola che riassumeva per lui l'inesorabilità della sua posizione. Se dava a Zeena la fattoria e il mulino, cosa gli sarebbe rimasto per iniziare una nuova vita? Arrivato nel West, era sicuro che avrebbe trovato lavoro... non avrebbe esitato a tentare la fortuna da solo. Ma con Mattie la cosa era diversa. E cosa sarebbe successo di Zeena? La fattoria e il mulino erano ipotecati fino al limite del loro valore, e anche se essa avesse trovato un acquirente - il che già era poco probabile - vi era da dubitare che avrebbe potuto ricavarne mille dollari netti. E nel frattempo, come avrebbe mandato avanti la fattoria? Ethan riusciva a ricavare dalla sua terra lo stretto necessario per vivere solo con incessante lavoro e sorveglianza personale, ma sua moglie, anche se fosse stata meglio in salute di quanto essa credeva, non avrebbe mai potuto portare da sola un simile peso.

Ebbene, avrebbe potuto tornare dai suoi e vedere cosa avrebbero fatto per lei. Era la sorte che stava imponendo a Mattie... perché non farlo provare anche a lei? Molto probabilmente, quando fosse riuscita a scoprire dove si trovava per chiedere il divorzio, egli - dovunque fosse - avrebbe già guadagnato abbastanza per pagarle gli alimenti. E l'alternativa era di lasciar partire Mattie da sola, con molto minori speranze di riuscire a risolvere le cose...

Cercando il foglio di carta nel cassetto, ne aveva sparso in giro il contenuto, e quando riprese in mano la penna i suoi occhi caddero su una vecchia copia dell'*Aquila del Bettsbridge*. Il giornale era piegato alla pagina della pubblicità, ed egli lesse le seducenti parole: "Viaggi per il West: riduzioni". Avvicinò la lanterna e guardò ansiosamente i prezzi; poi il giornale gli cadde di mano ed egli spinse da parte la lettera incompiuta.

Un momento prima si era chiesto con che cosa avrebbero vissuto, egli e Mattie, una volta arrivati nel West, ma ora vedeva che non aveva nemmeno il denaro per portarvela. Chiederlo in prestito era fuori discussione: sei mesi prima aveva dato la sua unica garanzia per ottenere i fondi necessari per riparare il mulino, e sapeva che, senza garanzia, nessuno a Starkfield gli avrebbe prestato dieci dollari.

Questa realtà inesorabile si chiuse su di lui, come un secondino che metta le manette a un condannato. Non vi era via di uscita... nessuna. Era prigioniero per la vita, ed ora il suo unico raggio di luce stava per estinguersi.

Si trascinò pesantemente fino al divano, e vi si distese con le membra così pesanti che gli sembrava non avrebbero mai potuto muoversi. Sentì le lacrime chiudergli la gola e bruciare lentamente sotto le palpebre.

Mentre giaceva così, il vetro della finestra di fronte a lui cominciò gradualmente a illuminarsi, stagliando nel buio un quadretto di cielo soffuso del chiarore della luna.

Un ramo contorto lo attraversava, un ramo del melo sotto il quale, nelle sere d'estate, egli aveva talvolta trovato Mattie seduta, quando ritornava dal mulino. Lentamente i vapori si dispersero e la luna navigò pura nell'azzurro. Ethan, appoggiandosi al gomito, guardò il paesaggio divenire sempre più bianco e scultoreo sotto la luce lunare. Questa era la notte in cui avrebbe dovuto portare Mattie a fare le corse con gli slittini, ed ecco là la lampada per illuminarli! Guardò fuori i pendii immersi nel chiarore della luna, l'orlo argenteo dell'oscurità dei boschi, lo spettrale colore porporino delle colline contro il cielo, e gli sembrò che tutta la bellezza della notte fosse stata spiegata per ridersi della sua infelicità...

Si addormentò, e al suo risveglio vi era nella stanza il gelo dell'alba invernale. Si sentiva irrigidito dal freddo e affamato, e si vergognava di aver fame. Si stropicciò gli occhi e andò alla finestra. Un sole rosso si era levato sopra l'orlo grigio dei campi, dietro alberi che sembravano neri e fragili. Egli si disse: "Questo è l'ultimo giorno di Mattie" e cercò di immaginare come sarebbe stata la casa senza di lei.

Mentre stava così, udì un passo dietro di sé e Mattie entrò.

"Oh, Ethan... sei stato qui tutta la notte?"

Essa aveva un aspetto così fragile e sparuto, nel suo povero vestituccio, con la sua sciarpa rossa intorno al capo, mentre la fredda luce faceva divenire giallastro il suo pallore, che Ethan si fermò a guardarla senza parlare.

"Devi essere congelato" essa continuò fissando su di lui due occhi spenti.

Egli si avvicinò di un passo: "Come sapevi che ero qui?"

"Perché ti ho sentito scendere di nuovo dopo che ero andata a letto, e ho ascoltato tutta la notte ma non ti ho udito risalire."

Tutta la sua tenerezza gli salì alle labbra. La guardò e disse: "Ora vengo subito e accendo il fuoco in cucina".

Ritornarono in cucina, ed egli andò a prendere il carbone e la legna e ne riempì la stufa, mentre essa portava il latte e gli avanzi freddi dello sformato di carne. Quando la stufa cominciò a emanare calore e i primi raggi di sole illuminarono il pavimento della cucina, i pensieri neri si addolcirono nel tepore dell'aria. Il vedere Mattie occupata alle sue faccende, come l'aveva vista per tante mattine, gli fece sembrare impossibile che essa non avrebbe più fatto parte della scena. Si disse che aveva indubbiamente esagerato l'importanza delle minacce di Zeena e che anch'essa, col nuovo giorno, avrebbe ritrovato il suo equilibrio.

Si avvicinò a Mattie, mentre essa era curva sulla stufa, e le mise una mano sul braccio. "Non voglio che nemmeno tu ti preoccupi" disse, guardandola negli occhi con un sorriso. Essa arrossì e bisbigliò: "No, Ethan, non mi preoccuperò".

"Penso che le cose si riaggiusteranno" egli aggiunse.

Non vi fu risposta tranne un rapido battito delle

sue palpebre, ed egli continuò: "Zeena non ha detto nulla stamattina?"

"No. Non l'ho ancora vista."

"Non farle caso, quando la vedi."

Con questa ingiunzione egli la lasciò e uscì verso il fienile. Vide Jotham Powell venire su per la collina nella nebbia mattutina, e questa visione familiare aumentò la sua crescente sensazione di fiducia.

Mentre i due uomini pulivano la stalla, Jotham si appoggiò al forcone per dire:

"Daniel Byrne va a Flats oggi a mezzogiorno, e potrebbe portare il baule di Mattie, così vi sarebbe meno peso quando la porto io con la slitta".

Ethan lo guardò senza espressione, ed egli continuò:

"La signora Frome mi ha detto che la nuova ragazza arriverà a Flats alle cinque, e che a quell'ora devo portare Mattie, di modo che possa prendere il treno delle sei per Stamford".

Ethan sentì il sangue battergli alle tempie. Dovette attendere un momento per ritrovare la voce, e rispose: "Oh, non sono così sicuro che Mattie se ne vada..."

"Davvero?" disse Jotham con indifferenza; e continuarono il loro lavoro.

Quando ritornarono in cucina, le due donne facevano già colazione. Zeena aveva un'aria insolitamente sveglia e attiva. Bevve due tazze di caffè, e dette i rimasugli dello sformato al gatto; poi si alzò, andò alla finestra e levò due o tre foglie secche dai gerani.

"I gerani della zia Marta non hanno nemmeno una foglia secca: ma certo appassiscono se non vengono curati" riflettè. Poi si volse a Jotham, e chiese:

"A che ora avete detto che sarebbe venuto Daniel Byrne?"

Il bracciante gettò uno sguardo esitante a Ethan. "Intorno a mezzogiorno" disse.

Zeena si rivolse a Mattie: "Il tuo baule è troppo pesante per la slitta, e Daniel Byrne verrà a prenderlo per portarlo a Flats" essa disse.

"Ti ringrazio, Zeena" disse Mattie.

"Vorrei prima controllare un po' di cose con te" continuò Zeena con voce imperturbabile. "So che manca un asciugamano di tela; e non ho idea di cosa hai fatto di quel cofanetto per fiammiferi che stava di solito dietro la civetta impagliata in salotto."

Essa uscì, seguita da Mattie, e quando i due uomini rimasero soli Jotham disse al suo padrone: "Allora penso che sia meglio far venire Daniel".

Ethan terminò i suoi soliti lavori mattutini in casa e nella stalla; poi disse a Jotham: "Vado giù a Starkfield. Di' che non mi aspettino per pranzo".

La ribellione lo aveva di nuovo pervaso. Ciò che era sembrato incredibile alla luce del giorno era realmente accaduto, ed egli doveva assistere, come spettatore impotente, alla cacciata di Mattie. La sua virilità era umiliata dalla parte che era obbligato a fare e dal pensiero di cosa Mattie doveva pensare di lui. Strani e confusi impulsi lottavano dentro di lui mentre camminava verso il villaggio. Aveva deciso di fare qualcosa, ma non sapeva cosa.

La nebbia mattutina era svanita e i campi giacevano sotto il sole come uno scudo argenteo. Era una di quelle giornate in cui lo scintillio invernale brilla attraverso una pallida bruma primaverile. Ogni metro della strada che stava percorrendo era animato dalla presenza di Mattie, e non vi era ramo contro il cielo o cespuglio spinoso lungo la scarpata che non risvegliasse qualche ricordo. Una volta, nel silenzio, il richiamo di un uccello da un frassino risuonò così simile al suo riso che il cuore dapprima gli si strinse e poi si allargò; e tutte queste cose gli fecero comprendere che bisognava far qualcosa subito.

Improvvisamente gli venne in mente che Andrew Hale, che era buono di cuore, si sarebbe lasciato convincere ad anticipare una piccola somma sul legname che aveva consegnato se gli avesse detto che la salute malferma di Zeena rendeva necessario prendere una donna di servizio. Hale, dopotutto, conosceva abbastanza bene la situazione di Ethan perché quest'ultimo potesse ripetergli la sua richiesta senza troppa umiliazione; e, oltretutto, quanto poteva contare l'orgoglio nel divampare delle passioni nel suo cuore?

Più considerava questa idea, e più gli sembrava attuabile. Se avesse potuto parlare con la signora Hale era sicuro di riuscire, e con cinquanta dollari in tasca, niente lo avrebbe potuto tenere lontano da Mattie....

La prima cosa da farsi era arrivare a Starkfield prima che Hale fosse partito per le sue faccende; sapeva che aveva un lavoro di falegnameria giù per la strada di Corbury e che molto probabilmente sarebbe uscito presto di casa. Il lungo passo di Ethan divenne più rapido col battito accelerato dei suoi pensieri, e quando raggiunse la base della collina di School House, vide in distanza la slitta di Hale. Si affrettò per andarle incontro, ma quando questa si avvicinò, vide che era guidata dal figlio minore di Hale e che la persona al suo fianco, simile a un bozzolo ritto con occhiali, era la signora Hale. Ethan fece loro cenno di fermarsi, e la signora Hale si chinò verso di lui, con le sue rughe rosate che emanavano benevolenza.

"Il signor Hale? Sì, certo, lo troverete a casa, ora. Questa mattina non va al lavoro. Si è svegliato con un po' di lombaggine; gli ho fatto mettere uno dei cerotti del vecchio dottor Kidder e l'ho fatto stare al caldo."

Poi, sorridendo maternamente a Ethan, aggiunse: "Il signor Hale mi ha appena detto che Zeena è andata a Bettsbridge a farsi visitare da quel nuovo dottore. Mi dispiace tanto che stia di nuovo così male! Spero che il dottore potrà fare qualcosa per lei. Non conosco nessuno qui intorno che sia stato più malato di Zeena. Lo dico sempre, al signor Hale, che non so proprio cosa avrebbe fatto se non avesse avuto voi per prendersi cura di lei; dicevo la stessa cosa anche riguardo a vostra madre. Avete avuto una vita molto dura, Ethan Frome".

Gli fece un ultimo cenno di comprensione e simpatia mentre il figlio incitava il cavallo; ed Ethan rimase nel mezzo della strada a fissare la slitta che si allontanava.

Era molto tempo che qualcuno non gli parlava così gentilmente. La maggior parte della gente era indifferente ai suoi guai, oppure pronta a pensare che fosse naturale che un giovane della sua età avesse portato senza lamentarsi il peso di tre vite inferme. Ma la signora Hale aveva detto: "Avete avuto una vita molto dura, Ethan Frome," ed egli si sentì meno solo nella sua infelicità. Se gli Hale erano dispiaciuti per lui, avrebbero sicuramente risposto al suo appello...

Si incamminò verso la loro casa, ma dopo pochi metri si fermò improvvisamente, col sangue al volto. Per la prima volta, alla luce delle parole che aveva appena udite, comprese cosa stava per fare. Voleva approfittare della simpatia degli Hale per ottenere denaro con una menzogna. Questo era il vero scopo del confuso proposito che lo aveva spinto quasi di corsa fino a Starkfield.

Comprese improvvisamente fino a che punto lo

aveva portato la sua pazzia, e la pazzia cadde, ed egli vide la sua vita come era in realtà. Era un uomo povero, il marito di una donna malaticcia: abbandonandola, l'avrebbe lasciata sola e senza mezzi; e anche se avesse avuto il cuore di abbandonarla, lo avrebbe potuto fare solamente ingannando due persone gentili che avevano compassione di lui.

Si volse indietro e ritornò lentamente alla fattoria.

IX

Alla porta di cucina trovò Daniel Byrne seduto sulla sua slitta, dietro a un focoso cavallo grigio il quale raspava la neve con lo zoccolo e agitava impazientemente la testa.

Ethan entrò in cucina e trovò sua moglie vicino alla stufa. Aveva la testa avvolta nello scialle e stava leggendo un libro intitolato *Come curare il mal di reni*, per il quale egli aveva dovuto pagare tariffa doppia solo pochi giorni prima.

Zeena non si mosse né alzò gli occhi dal libro quando Ethan entrò, e dopo un momento egli disse: "Dov'è Mattie?"

Senza alzare gli occhi dalla pagina, essa rispose: "Penso che stia portando giù il suo baule".

Il sangue gli salì al volto. "Sta portando giù il baule... da sola?"

"Jotham Powell è al recinto del legname, e Daniel Byrne dice che non si fida a lasciare il cavallo solo..." essa rispose.

Ethan, senza stare a sentire la fine della frase, era uscito dalla cucina e correva su per le scale. La porta della camera di Mattie era chiusa, ed egli esitò un momento sul pianerottolo.

"Matt" disse a voce bassa; ma non vi fu risposta, ed egli mise la mano sulla maniglia.

Non era mai stato nella camera di Mattie, tranne una volta, al principio dell'estate, quando vi era andato per aggiustare un tegolo rotto, ma ricordava esattamente l'aspetto che aveva: la trapunta rossa e bianca sullo stretto lettino, il grazioso puntaspilli sul cassettone, la grande fotografia di sua madre in una cornice ossidata, e un mazzolino di erbe tinte dietro di essa. Ora, tutti questi segni della sua presenza erano spariti, e la stanza era di nuovo nuda e fredda come quando Zeena vi aveva portato Mattie il giorno del suo arrivo. Nel mezzo del pavimento vi era il baule, e sul baule stava seduta Mattie col suo vestito della domenica, la schiena rivolta verso la porta e il volto tra le mani. Essa non aveva sentito la voce di Ethan perché stava singhiozzando; e non udì il suo passo finché egli fu dietro di lei, e le mise le mani sulle spalle.

"Matt... oh, no... oh, Matt!"

Essa sobbalzò, alzando verso di lui il viso rigato di lacrime. "Ethan... pensavo che non ti avrei visto mai più."

Egli la prese tra le braccia, la strinse a sé, e con mano tremante le accarezzò i capelli via dalla fronte.

"Non vederci mai più? Cosa vuoi dire?"

Essa singhiozzò: "Jotham ha detto che non ti dovevamo aspettare per pranzo, e io pensavo..."

"Tu pensavi che io volessi svignarmela?" egli finì la frase per lei, cupamente.

Essa si aggrappò a lui senza rispondere, ed egli posò le labbra sui suoi capelli, che erano morbidi ma vivi come certe specie di muschio sui pendii soleggiati, e avevano la lieve fragranza della segatura fresca al sole.

Dalla porta udirono la voce di Zeena che li chiamava dal fondo delle scale:

"Daniel Byrne dice di sbrigarti se vuoi che ti porti il baule."

Ethan e Mattie si separarono coi visi sconvolti. Parole di protesta salirono alle labbra di Ethan, e vi morirono. Mattie trovò il suo fazzoletto e si asciugò gli occhi, poi, chinandosi, prese la maniglia del baule. Ethan la fermò: "Lascia, Matt" le ordinò.

Essa rispose: "Bisogna essere in due per girare l'angolo"; cedendo a questa osservazione egli prese l'altra maniglia, e insieme manovrarono per portare il pesante baule sul pianerottolo.

"Ora lascia" egli ripeté; poi si issò il baule sulle spalle e lo portò giù per le scale e attraverso l'ingresso, fino in cucina. Zeena, che era ritornata al suo posto vicino alla stufa, non alzò la testa dal libro mentre egli passava. Mattie lo seguì fuori dalla porta e lo aiutò ad alzare il baule e a collocarlo sulla slitta. Quando fu sistemato, stettero fianco a fianco sullo scalino guardando Daniel Byrne allontanarsi dietro al suo cavallo irrequieto.

A Ethan sembrava che il suo cuore fosse legato con corde che una mano invisibile stringeva a ogni battito dell'orologio. Due volte aprì le labbra per parlare a Mattie e non trovò fiato. Alla fine, mentre essa si volgeva per rientrare in casa, le mise una mano sul braccio per trattenerla.

"Ti ci porto io con la slitta, Matt" bisbigliò. Essa mormorò in risposta: "Credo che Zeena voglia che vada con Jotham".

"Ti ci porto io" egli ripeté; ed essa entrò in cucina senza rispondere.

A pranzo, Ethan non poté mangiare. Se alzava gli occhi, questi si posavano sul viso contratto di Zeena e gli angoli delle sue sottili labbra sembravano stirarsi in un sorriso. Zeena mangiò abbondantemente, dichiarando che il tempo più mite la faceva sentire meglio, e insistette perché Jotham Powell prendesse una seconda porzione di fagioli, mentre di solito ignorava i suoi desideri o le sue necessità.

Quando il pasto fu finito, Mattie sbrigò le faccende come al solito, sparecchiando la tavola e lavando i piatti. Zeena, dopo aver dato da mangiare al gatto, ritornò alla sua seggiola a dondolo vicino alla stufa, e Jotham Powell, il quale cercava sempre di trattenersi il più a lungo possibile, si alzò con riluttanza dalla seggiola e si diresse verso la porta.

Giunto sulla soglia si volse, e disse a Ethan: "A che ora devo venire a prendere Mattie?"

Ethan, in piedi vicino alla finestra, stava meccanicamente caricando la pipa mentre guardava Mattie muoversi per la cucina. Egli rispose: "Non hai bisogno di venire. La porterò io".

Vide le guance di Mattie arrossire, e vide Zeena alzare rapidamente il capo.

"Desidero che tu resti qui oggi pomeriggio, Ethan" disse. "Jotham può portare Mattie."

Mattie gli gettò uno sguardo implorante ma egli ripeté brevemente: "La porterò io". Zeena continuò con lo stesso tono piano: "Volevo che tu restassi per sistemare la stufa in camera di Mattie prima che arrivi la nuova ragazza. È un mese che non tira bene".

La voce di Ethan si levò, indignata: "Se andava bene per Mattie penso che potrà andar bene per una donna di servizio".

"La ragazza che viene mi ha detto che era abituata a una casa dove avevano una caldaia" persistette Zeena, con la stessa mitezza monotona.

"Allora faceva meglio a rimanervi" egli rispose; e volgendosi a Mattie, aggiunse con voce dura: "Tienti pronta per le tre, Matt; ho da fare a Corbury".

Jotham Powell si era incamminato verso il fienile, ed Ethan lo seguì, pieno d'ira. Le tempie gli battevano e vi era come una nebbia davanti ai suoi occhi. Riprese il lavoro senza sapere quale forza lo dirigesse, né di chi erano le mani e i piedi che vi obbedivano. Solo quando portò fuori il sauro e lo fece indietreggiare tra le stanghe della slitta, divenne nuovamente cosciente di quel che stava facendo. Mentre passava le redini sopra la testa del cavallo e fissava i finimenti, ricordò il giorno in cui aveva fatto gli stessi preparativi per andare a Flats a prendere la cugina di sua moglie. Era stato poco più di un anno prima, ed era una giornata mite come questa, con una sensazione di primavera nell'aria. Il sauro, volgendo a lui lo stesso grosso occhio cerchiato, annusò il palmo della sua mano nello stesso modo; e, uno a uno, tutti i giorni passati di quell'anno ripresero vita e gli furono dinanzi agli occhi...

Egli gettò la pelle d'orso nella slitta, salì al suo posto e si diresse verso la casa. Quando entrò, la cucina era vuota, ma la borsa e lo scialle di Mattie stavano vicino alla porta. Andò fino alle scale e ascoltò. Non si udiva nessun suono dal pianerottolo, ma dopo un attimo gli sembrò di udire qualcuno che si muoveva nel suo studio e, aperta la porta, vide Mattie con la giacca e il cappello, in piedi vicino al tavolo, che gli volgeva le spalle. Al suo avvicinarsi essa trasalì, si volse di scatto e disse: "È ora di andare?"

"Cosa stai facendo qui, Matt?" egli chiese.

Essa lo guardò timidamente. "Davo solo un'occhiata in giro, ecco tutto" rispose con un sorriso esitante.

Ritornarono in cucina senza parlare, ed Ethan prese la borsa e lo scialle di Mattie.

"Dov'è Zeena?" egli chiese.

"È andata in camera sua subito dopo pranzo. Ha detto che le erano ritornati i dolori, e che non voleva essere disturbata."

"Non ti ha salutata?"

"No. Ha detto solo questo."

Ethan, guardandosi intorno, si disse con un brivido che tra poche ore sarebbe ritornato solo in questa stessa cucina. Poi, la sensazione di irrealtà lo soverchiò di nuovo, e di nuovo non riuscì a credere che Mattie stesse lì, dinanzi a lui, per l'ultima volta.

"Vieni" disse quasi allegramente, aprendo la porta e deponendo la borsa sulla slitta. Saltò sul sedile e si curvò per rimboccare la coperta intorno a Mattie che si era seduta al suo fianco. "Ed ora via!" disse scuotendo le redini, al che il sauro si mise placidamente a trotterellare giù per la collina.

"Abbiamo tutto il tempo per una buona passeggiata, Matt!" egli gridò, cercando la mano di lei sotto la coperta di pelo e stringendola nella sua. Il viso gli formicolava e si sentiva le vertigini, come se si fosse fermato a bere all'osteria di Starkfield in una giornata sotto zero.

Al cancello, invece di dirigersi verso Starkfield, volse il cavallo a destra, su per la strada di Bettsbridge. Mattie rimase silenziosa, senza dar segno di sorpresa; ma dopo un momento, disse: "Passi da Shadow Pond?"

Egli rise e rispose: "Lo sapevo che avresti indovinato!"

Essa si avvicinò a lui sotto la coperta di pelo d'orso, in modo che, guardando di lato oltre la manica del suo cappotto, egli poteva vedere appena la punta del naso di Mattie e una bruna ciocca di capelli. Continuarono lentamente su per la strada, tra campi scintillanti sotto il pallido sole, e poi svoltarono a destra, giù per un sentiero fiancheggiato da abeti e larici. Dinanzi a loro, in lontananza, una catena di colline chiazzate di macchie nere di foresta si delineava in bianche curve contro lo sfondo del cielo. Il sentiero passava per una pineta, i cui tronchi erano rossi nel sole pomeridiano, e le ombre sulla neve erano di un delicato azzurro. Quando vi entrarono la brezza cadde e un caldo silenzio sembrò scendere dai rami insieme agli aghi di pino. Qui la neve era così intatta che le piccole impronte degli animali del bosco vi erano impresse in un intricato disegno, quasi un merletto, e le pigne azzurrastre che erano cadute sulla superficie sembravano ornamenti di bronzo.

Ethan continuò a guidare in silenzio finché giunsero a una parte del bosco dove i pini erano più radi: lì fermò il cavallo e aiutò Mattie a scendere dalla slitta. Passarono tra i tronchi aromatici, mentre la neve scricchiolava sotto i loro piedi, finché giunsero a un piccolo specchio d'acqua le cui sponde erano scoscese e boscose. Sulla superficie ghiacciata, dalla riva opposta, un'unica collina che si ergeva contro il sole, a occidente, gettava la lunga ombra conica che dava al lago il nome di Stagno dell'Ombra. Era un posto segreto, pervaso della stessa mesta malinconia che Ethan sentiva nel suo cuore.

Guardò su e giù per la piccola spiaggia sassosa finché vide un tronco d'albero caduto, mezzo affondato nella neve.

"Lì è dove stavamo seduti durante la gita" egli le ricordò.

La gita della quale parlava era una delle poche a cui avevano partecipato insieme: una gita organizzata dalla chiesa in un lungo pomeriggio dell'estate precedente, e che aveva riempito di allegria quel posto solitario. Mattie lo aveva pregato di andare con lei, ma egli aveva rifiutato. Poi, verso il tramonto, mentre veniva giù dalla montagna dove era stato ad abbattere alberi, aveva incontrato alcuni dei gitanti, che lo avevano portato con loro fino al gruppo in riva al lago dove Mattie, circondata da allegri giovanotti e fresca come una mora selvatica sotto il suo ampio cappello, stava facendo il caffè su un fuoco da campo.

Ricordava la timidezza che aveva sentito nell'avvicinarsi a lei così rozzamente vestito e poi l'illuminarsi del suo viso, e il modo in cui si era fatta largo nel gruppo per avanzare fino a lui con una tazza in mano.

Erano stati seduti per alcuni minuti sul tronco

caduto vicino all'acqua, ed essa aveva perso il suo fermaglio d'oro e aveva mandato i giovanotti a cercarlo; ed era stato Ethan a vederlo, tra il muschio...

Questo era stato tutto, ma ogni loro contatto era sempre stato formato da simili istanti inarticolati, e allora sembrava loro di scoprire improvvisamente la felicità, come se avessero sorpreso una farfalla nei boschi d'inverno...

"È proprio lì che ho trovato il tuo fermaglio" egli disse, spingendo il piede in un fitto ciuffo di cespugli.

"Non ho mai trovato nessuno con una vista così acuta!" rispose lei.

Essa sedette sul tronco, al sole, ed egli le si sedette accanto.

"Eri deliziosa con quel cappello rosa" egli disse.

Essa rise di piacere: "Oh, sarà stato il cappello!" rispose.

Mai prima di allora avevano confessato così apertamente i loro sentimenti, ed Ethan ebbe per un attimo l'illusione di essere un uomo libero che facesse la corte alla ragazza che voleva sposare. Guardò i suoi capelli e desiderò di toccarli di nuovo e di dirle che avevano la fragranza del bosco; ma non aveva mai imparato a dire cose simili.

Improvvisamente essa si levò in piedi e disse: "Non dobbiamo stare qui più a lungo".

Egli continuò a guardarla vagamente, ancora assorto nel suo sogno. "Abbiamo ancora tempo" rispose.

Stettero a guardarsi l'un l'altro come se gli occhi di ciascuno si sforzassero di assorbire e trattenere l'immagine dell'altro. Vi erano molte cose che egli voleva dire prima che si separassero, ma non poteva farlo in quel posto pieno di ricordi estivi, per cui si volse e la seguì in silenzio alla slitta. Mentre si allontanavano, il sole tramontò dietro la collina e i tronchi dei pini, da rossi, divennero grigi. Seguendo una pista attraverso i campi ritornarono sulla strada di Starkfield. Sotto il cielo aperto vi era ancora luce e un freddo riflesso rosso sulle colline a oriente. I gruppi d'alberi nella neve sembravano stringersi insieme in masse arruffate, come uccelli con la testa sotto le ali: e il cielo, impallidendo, si alzò ancora più alto, lasciando la terra più sola.

Mentre imboccavano la strada di Starkfield Ethan disse: "Matt, cosa intendi fare?"

Essa non rispose subito, ma alla fine disse: "Cercherò di trovare lavoro in un negozio".

"Sai bene che non lo puoi fare. L'aria cattiva e lo stare in piedi tutto il giorno ti hanno fatto già ammalare."

"Sono molto più forte ora di quanto non lo fossi prima di venire a Starkfield."

"E adesso vorresti gettar via tutto il beneficio che ne hai avuto!"

Non vi era risposta a ciò, e di nuovo continuarono in silenzio. A ogni metro di strada che percorrevano, il ricordo di qualche posto dove erano stati assieme e assieme avevano riso o erano rimasti in silenzio, afferrava Ethan e lo travolgeva.

"Non vi è nessuno dei parenti di tuo padre che ti potrebbe aiutare?"

"Non vi è nessuno al quale chiederei aiuto."

Egli abbassò la voce e disse: "Sai bene che farei qualsiasi cosa per te, se potessi".

"Lo so."

"Ma non posso..."

Essa rimase silenziosa, ma egli percepì un lieve tremito della spalla appoggiata alla sua.

"Oh, Matt," egli esclamò "se avessi potuto venir via con te ora, lo avrei fatto..."

Essa si volse a lui e levò un pezzo di carta dal seno.

"Ethan... ho trovato questo" balbettò. Anche nella luce che veniva a mancare egli vide che era la lettera a sua moglie che aveva cominciato a scrivere la notte precedente e aveva dimenticato di distruggere. Nella sua meraviglia vi fu un fiero fremito di gioia.

"Matt..." gridò "se avessi potuto farlo, avresti voluto?"

"Oh, Ethan, Ethan... a che serve?" Con un improvviso gesto essa strappò la lettera in pezzi minuti e li gettò nella neve.

"Dimmelo, Matt! Dimmelo!" egli la scongiurò.

Essa rimase silenziosa per un istante; poi disse, con voce così bassa che egli dovette chinare la testa per udirla: "Ci pensavo qualche volta, nelle notti d'estate, quando la luna era così chiara che non potevo dormire".

Il suo cuore vacillò di dolcezza. "Fin da allora?"

Essa rispose, come se la data fosse stata da tempo fissata per lei: "La prima volta fu a Shadow Pond".

"Fu per questo che mi desti il caffè prima che agli altri?"

"Non lo so. Feci così? Fui terribilmente contrariata quando non volesti venire alla gita con me; e poi, quando ti vidi, pensai che forse ritornavi a casa per quella strada di proposito, e ciò mi rese felice."

Tacquero di nuovo. Erano giunti al punto in cui la strada scendeva ripida presso il mulino di Ethan, e mentre essi iniziarono la discesa, l'oscurità discese con loro, cadendo come un velo nero dai pesanti rami di abete.

"Sono legato mani e piedi, Matt. Non posso fare nulla" egli ricominciò.

"Mi devi scrivere qualche volta, Ethan."

"Oh, a cosa serve scrivere? Quello che desidero è allungare la mano e poterti toccare. Desidero lavorare per te e prendermi cura di te. Desidero essere vicino a te quando sei ammalata e quando sei triste."

"Stai sicuro che me la caverò bene."

"Vuoi dire che non avrai bisogno di me? Suppongo che ti sposerai."

"Oh, Ethan!" essa gridò.

"Non so cosa mi fai sentire, Matt. Preferirei quasi vederti morta, piuttosto!"

"Oh, almeno lo fossi, almeno lo fossi!" essa singhiozzò.

Il suo pianto lo scosse dalla cupa ira, ed egli ne ebbe vergogna.

"Non parliamo così" mormorò.

"Perché non dovremmo, quando è la verità? L'ho desiderato ogni minuto della giornata."

"Matt! Taci! Non dirlo."

"Nessuno è stato buono con me, tranne tu."

"Non dire nemmeno questo, dato che non posso alzare neanche un dito per te."

"Sì: ma è vero ugualmente."

Avevano raggiunto la sommità della collina di School House e Starkfield giaceva ai loro piedi nel crepuscolo. Uno slittino, salendo dal villaggio, passò loro accanto con un gioioso tintinnare di campanelli, ed essi si raddrizzarono e guardarono davanti a sé con visi rigidi. Lungo la strada principale avevano cominciato ad accendersi le luci sulle facciate delle case, e ogni tanto qualcuno entrava in un cancello. Ethan, con un tocco della frusta, incitò il sauro a un languido trotto.

Mentre giungevano alla fine del villaggio udirono grida di bambini e videro un gruppo di ragazzi che trascinavano degli slittini, sparpagliati sullo spiazzo dinanzi alla chiesa.

"Penso che questa sarà la loro ultima corsa per qualche giorno" disse Ethan guardando il cielo mite. Mattie era silenziosa, ed egli aggiunse:

"Noi avremmo dovuto venirci ieri sera".

Essa rimase ancora in silenzio, ed egli, spinto da un indefinito desiderio di facilitare a se stesso e a lei l'ultima disperata ora che potevano ancora passare insieme, continuò in tono discorsivo:

"Non è strano che non abbiamo mai fatto le corse insieme, tranne quell'unica volta l'inverno scorso?"

Essa rispose: "Non venivo spesso al villaggio".

"È vero" egli disse.

Erano giunti in cima alla strada di Corbury e, tra il bianco, indistinto bagliore della chiesa e il nero sipario degli abeti dei Varnum, il pendio si estendeva sotto di loro senza uno slittino per tutta la sua lunghezza. Un vago impulso spinse Ethan a dire: "Ti piacerebbe se ti portassi giù ora?"

Essa forzò una risata: "Ma non c'è tempo!"

"Abbiamo tutto il tempo che vogliamo. Vieni!" Il suo unico desiderio, adesso, era di ritardare il momento in cui avrebbe dovuto dirigere il sauro verso Flats.

"Ma la ragazza," Mattie balbettò "la ragazza starà aspettando alla stazione."

"Be', lasciala aspettare. Se non dovesse aspettare lei, dovresti aspettare tu. Vieni!"

Il tono di comando nella sua voce sembrò sottometterla, e quando egli fu saltato giù dalla slitta, essa si lasciò aiutare a scendere, e disse soltanto, fingendo vagamente una certa riluttanza: "Ma non c'è nemmeno uno slittino in giro".

"Sì che ce n'è uno! Proprio lì sotto gli abeti."

Egli gettò la pelle d'orso sul sauro, il quale stava fermo passivamente a lato della strada, con la testa abbassata in attitudine pensosa. Poi prese la mano di Mattie e la tirò con sé verso lo slittino. Essa, obbediente, si sedette, ed egli prese posto dietro di lei, così vicino che i capelli di lei gli sfioravano il volto. "Tutto bene, Matt?" egli gridò, come se tra di loro vi fosse tutta la larghezza della strada. Essa volse il capo e rispose: "È terribilmente buio. Sei sicuro di veder bene?"

Egli rise sprezzantemente: "Potrei fare questa discesa con gli occhi bendati!" ed essa rise con lui, come se le piacesse la sua audacia. Egli però rimase fermo un momento, aguzzando gli occhi per cercare di vedere la lunga discesa, poiché era l'ora più incerta della sera, quando l'ultimo chiarore del cielo si fonde con la notte che sale, in una semioscurità che nasconde i punti di riferimento e falsifica le distanze.

"Via!" egli gridò.

Lo slittino partì con un balzo ed essi volarono giù nel crepuscolo, acquistando gradatamente velocità, mentre la notte cavernosa si apriva al di sotto di loro e l'aria cantava intorno come un organo. Mattie stava perfettamente ferma, ma quando giunsero alla curva in fondo alla collina, dove il grande olmo faceva un gomito mortale, egli ebbe l'impressione che essa si stringesse un po' più a lui.

"Non aver paura, Matt!" gridò giubilante mentre lo oltrepassavano e iniziavano la seconda discesa; e quando giunsero in piano e la velocità dello slittino cominciò a diminuire, egli la udì ridere di gioia.

Saltarono giù dallo slittino e cominciarono a risalire la collina. Ethan tirava lo slittino con una mano e aveva infilato l'altra nel braccio di Mattie.

"Avevi paura che andassi a cozzare contro l'olmo?" egli chiese, con una risata sbarazzina.

"Ti ho detto che non ho mai avuto paura con te" essa rispose.

La sua strana eccitazione gli aveva portato un accesso di millanteria: "Però è davvero una curva difficile. Bastava la minima deviazione, e non saremmo mai più risaliti. Ma io so misurare le distanze al millimetro... l'ho sempre saputo".

Essa mormorò: "Lo dico sempre che hai un occhio sicurissimo..."

Un profondo silenzio era caduto assieme all'oscurità priva di stelle, ed essi si strinsero l'uno all'altra senza parlare; ma a ogni passo della salita Ethan diceva a se stesso: "È l'ultima volta che camminiamo insieme".

Raggiunsero lentamente la sommità della collina. Quando furono all'altezza della chiesa, egli chinò il capo verso di lei e le chiese: "Sei stanca?", ed essa rispose, respirando affannosamente: "È stato splendido!"

Con la pressione del braccio la guidò verso gli abeti di Norvegia. "Penso che questo slittino sia di Ned Hale. In ogni modo, lo lascio dove l'ho trovato." Portò lo slittino fino al cancello dei Varnum e lo appoggiò allo steccato. Mentre si alzava, sentì improvvisamente Mattie vicina a lui nel buio.

"È qui che Ned e Ruth si baciavano?" essa bisbigliò, e gli gettò le braccia al collo. Le sue labbra cercarono quelle di Ethan passando sul suo volto, ed egli la tenne stretta rapito e sorpreso.

"Addio... addio" essa balbettò, e lo baciò di nuovo.

"Oh, Matt, non ti posso lasciar andare!" sgorgò da lui il vecchio grido.

Essa si liberò dalla sua stretta ed egli la udì singhiozzare. "Oh, nemmeno io posso andarmene!" essa gemette.

"Matt! Cosa faremo? Cosa faremo?"

Si tenevano strette le mani come bambini, e il corpo di lei era scosso da singhiozzi disperati.

Nel silenzio udirono l'orologio della chiesa suonare le cinque.

"Oh, Ethan, è l'ora!" essa gridò. Egli l'attirò di nuovo a sé: "È l'ora per cosa? Non penserai che io ti lasci, adesso?"

"Se perdo il treno, dove vado?"

"E dove vai se lo prendi?"

Essa rimase silenziosa, le mani fredde e rilassate in quelle di lui.

"Che scopo ha ora, che uno di noi vada da qualsiasi parte senza l'altro?"

Essa rimase immobile, come se non lo avesse udito. Poi levò le mani dalla sue, gli gettò le braccia al collo e premette improvvisamente la guancia bagnata di lacrime contro il suo viso: "Ethan! Ethan! Voglio che tu mi porti giù di nuovo!"

"Giù dove?"

"Per la discesa. Subito" essa ansimò. "Così da non tornare mai più su."

"Matt, cosa vuoi dire?"

Essa appoggiò le labbra al suo orecchio, e disse: "Andiamo contro l'olmo. Dicevi che potresti. Così che non dovremo lasciarci mai più".

"Ma, Matt, cosa stai dicendo? Sei pazza!"

"Non sono pazza; ma lo diverrò, se ti lascio."

"Oh Matt, Matt..." egli gemette.

Essa accentuò la stretta intorno al suo collo. Il suo viso era vicino a quello di lui.

"Ethan, dove vado se ti lascio? Non so cavarmela da sola. Lo hai detto anche tu ora. Solo tu al mondo sei stato buono con me. E ci sarà quella ragazza in casa... e dormirà nel mio letto, dove giacevo per notti intere in ascolto, per udire il tuo passo salire le scale..."

Le parole erano come frammenti strappati al suo cuore. Con esse gli tornò dinanzi agli occhi l'odiata visione della casa alla quale sarebbe ritornato... delle scale che avrebbe dovuto salire ogni notte, della donna che lo avrebbe aspettato là. E la dolcezza della confessione di Mattie, la selvaggia meraviglia di sapere che quello che era accaduto a lui era accaduto anche a lei, rendevano l'altra visione ancora più odiosa, l'altra vita ancora più intollerabile... Udiva ancora le sue suppliche attraverso i singhiozzi, ma non ascoltava più quello che essa stava dicendo. Il cappello le era scivolato via, ed egli le stava accarezzando i capelli. Voleva mantenerne la sensazione nella mano, così che vi rimanesse chiusa come un seme in inverno. Trovò di nuovo le sue labbra, e gli sembrò di essere ancora con lei vicino allo stagno, nel rovente sole d'agosto. Ma la sua guancia toccò quella di Mattie, fredda e bagnata di lacrime, ed egli vide nella mente la strada nel buio, fino a Flats, e udì il fischio del treno.

Gli abeti li avvolgevano di oscurità e di silenzio. Avrebbero potuto essere sotto terra, nelle loro bare. Egli disse a se stesso: "Forse sarebbe così..." e poi di nuovo: "Dopo questo, non sentirò più nulla..."

Improvvisamente udì il vecchio sauro nitrire al di là della strada, e pensò:

"Si chiede come mai non riceve la sua cena..."

"Vieni" bisbigliò Mattie, tirandolo per la mano.

La sua cupa violenza lo forzò: essa sembrava uno strumento del destino. Spinse fuori lo slittino, battendo le palpebre come un uccello notturno mentre passava dall'ombra degli abeti nel trasparente crepuscolo all'aperto. La discesa era deserta. Tutta Starkfield era a cena, e nemmeno una persona attraversava lo spiazzo dinanzi alla chiesa. Il cielo, gonfio di nuvole che annunciavano lo sgelo, era basso come prima di un temporale estivo. Egli aguzzò gli occhi nell'oscurità, ma essi sembravano meno acuti, meno penetranti del solito. Prese posto sullo slittino, e Mattie si sedette subito davanti a lui. Il cappello le era caduto nella neve, e le labbra di Ethan erano posate sui suoi capelli. Egli allungò le gambe, conficcò i talloni in terra per evitare che lo slittino scivolasse in avanti, e le piegò il capo all'indietro con le mani. Poi improvvisamente balzò in piedi.

"Alzati" le ordinò.

Era il tono di voce a cui essa sempre obbediva, ma ora si rannicchiò sul sedile ripetendo con veemenza: "No, no, no!"

"Alzati!"

"Perché?"

"Voglio sedere io davanti."

"No, no! Come potresti guidare?"

"Non ho bisogno di guidare. Seguiremo la pista."

Parlavano in un bisbiglio soffocato, come se la notte li stesse ascoltando.

"Alzati! Alzati!" egli la incalzò: ma essa continuò a ripetere: "Perché vuoi sedere davanti?"

"Perché io... perché voglio sentire le tue braccia intorno a me" egli balbettò, e la tirò in piedi.

La risposta sembrò soddisfarla, oppure cedette alla forza della sua voce.

Egli si chinò cercando con la mano nel buio il solco ghiacciato formato dagli slittini precedenti e vi collocò con cura i pattini dello slittino.

Essa attese finché egli fu seduto a gambe incrociate sul davanti dello slittino; poi si accoccolò dietro di lui e lo cinse con le braccia. Il respiro di lei sul collo lo fece rabbrividire, e stette per saltare giù di nuovo. Ma in un lampo ricordò l'alternativa. Essa aveva ragione: era meglio questo che separarsi. Si chinò all'indietro e la baciò...

Mentre stavano partendo, udì di nuovo il nitrito del sauro, e questo triste richiamo familiare e tutte le immagini confuse che portava con sé lo seguirono lungo il primo tratto della discesa. A metà strada vi era un'improvvisa pendenza, poi una piccola salita, e, dopo questa, un'altra lunga, inebriante discesa. Mentre riprendevano velocità, gli sembrò che stessero davvero volando, volando nella notte nuvolosa, con Starkfield lontanissima sotto di loro, come un puntolino nello spazio... Poi il grande olmo si drizzò dinanzi a loro, attendendoli alla curva, ed egli disse tra i denti: "Lo prendiamo, lo so che lo prendiamo".

Mentre volavano verso l'albero, Mattie strinse le braccia più forte intorno a lui, e il suo sangue sembrò scorrere nelle vene di Ethan. Un paio di volte lo slittino deviò un poco sotto di loro. Egli chinò il corpo per mantenerlo in direzione dell'olmo, ripetendosi di continuo: "So che possiamo prenderlo"; e piccole frasi che essa aveva detto gli passavano per la mente e gli danzavano attorno nell'aria. Il grande olmo si ergeva sempre più vicino e sempre più grande; mentre si precipitavano verso di esso, egli pensò: "Ci aspetta; sembra che lo sappia". Ma improvvisamente, tra lui e la meta, si delineò il viso di sua moglie con lineamenti mostruosi e contorti, ed egli fece un gesto istintivo per scacciarlo. Lo slittino deviò dal movimento, ma egli lo raddrizzò; lo tenne in direzione, e lo spinse giù verso la massa nera che sporgeva. Vi fu un ultimo istante in cui l'aria gli sibilò intorno come milioni di fili di fuoco; e poi l'olmo...

Il cielo era ancora coperto, ma guardando in su egli vide un'unica stella e tentò vagamente di stabilire se era Sirio, oppure... oppure... Lo sforzo fu troppo grande, ed egli chiuse le pesanti palpebre e pensò che voleva dormire... Il silenzio era così profondo che udì un piccolo animale pigolare sommessamente da qualche parte vicino a lui, sotto la neve. Emetteva un piccolo verso spaventato, cip, come un topo dei campi, ed egli si chiese languidamente se fosse ferito. Poi comprese che doveva soffrire: un dolore così acuto che gli sembrò, misteriosamente, di sentirlo nel suo stesso corpo. Tentò invano di rotolarsi in direzione del suono, e allungò il braccio sinistro nella neve. E adesso era come se provasse fisicamente, invece di udirlo, il pigolio; sembrava che fosse sotto il palmo della sua mano, che era poggiata su qualcosa di morbido e vivo. Il pensiero dell'animaletto che soffriva gli era insopportabile: si sforzò di alzarsi e non poté, perché una roccia, o una massa enorme e pesante, sembrava schiacciarlo al suolo. Continuò a tastare cautamente con la mano sinistra pensando di poter prendere l'animaletto e aiutarlo; e tutto a un tratto comprese che la cosa morbida che aveva toccato erano i capelli di Mattie e che la sua mano era sul suo volto.

Riuscì a mettersi in ginocchio, e gli sembrava che il peso mostruoso che lo schiacciava si muovesse con lui, e la sua mano passò più volte sul viso di lei, e comprese che il pigolio veniva dalle sue labbra...

Avvicinò il volto a quello di lei, mise l'orecchio vicino alle sue labbra, e nell'oscurità vide i suoi occhi aprirsi e la udì pronunciare il suo nome.

"Oh, Matt, pensavo che saremmo riusciti a cozzarvi" egli gemette; e lontano, in cima alla collina, udì il sauro nitrire, e pensò: "Dovrei dargli da mangiare..."

. . . .

. . . .

. . . .

Il querulo ronzio cessò quando entrai nella cucina di Frome; vi erano due donne sedute, ma non potei indovinare qual era quella che stava parlando un attimo prima.

Una di esse, al mio apparire, rizzò la sua alta, ossuta figura dalla seggiola, non per darmi il benvenuto - poiché infatti mi gettò soltanto un breve sguardo di sorpresa - ma semplicemente per preparare la cena che era stata ritardata per l'assenza di Frome. Una sciatta veste di cotone le pendeva dalle spalle e le ciocche di radi capelli grigi lasciavano scoperta la fronte alta ed erano fissate sulla nuca da un pettine rotto.

Essa aveva pallidi occhi opachi che non rivelavano nulla e non riflettevano nulla, e le labbra sottili erano dello stesso colore giallastro del viso.

L'altra donna era molto più piccola e minuta. Sedeva raggomitolata in una poltrona vicino alla stufa, e quando entrai volse rapidamente il capo verso di me, senza che a questo movimento corrispondesse alcun moto del corpo. I suoi capelli erano grigi come quelli della sua compagna, il viso altrettanto esangue e avvizzito, ma di colore ambrato, e scure ombre le affilavano il naso e le incavavano le tempie. Sotto il vestito informe, il corpo manteneva una inerte immobilità, e i suoi scuri occhi avevano lo sguardo vivido da strega che le infermità alla spina dorsale danno talvolta.

La cucina aveva un aspetto misero, anche per quei posti. Fatta eccezione per la poltrona della donna dagli occhi scuri, e che aveva l'aria di un qualche sbertucciato avanzo di lusso acquistato a un'asta di campagna, il mobilio era quanto mai grossolano. Tre rozzi piatti di coccio e un bricco per il latte col becco rotto erano stati messi su una tavola unta, piena di intagli fatti col coltello, e un paio di seggiole impagliate e una madia di legno di pino non verniciata stavano tristemente contro le pareti intonacate.

"Santo cielo, che freddo! Il fuoco deve essere quasi spento" disse Frome, guardandosi intorno con uno sguardo di scusa mentre mi seguiva in cucina.

La donna alta, che si era avvicinata alla madia, non gli dette retta; ma l'altra, dal suo angolo imbottito di cuscini, rispose lamentosamente con voce alta e sottile: "È stato riattizzato proprio ora. Zeena si era addormentata, e ha dormito per tanto tempo che credevo sarei morta di freddo prima di riuscire a svegliarla per badare al fuoco".

Compresi allora che era stata lei a parlare quando eravamo entrati.

La sua compagna, la quale stava proprio ritornando verso la tavola con i resti freddi di un pasticcio d'ammorsellato su di un piatto sbreccato, vi posò il suo carico poco appetitoso, con l'aria di non aver sentito l'accusa che le era stata rivolta.

Frome esitò un momento davanti a lei, poi mi guardò e disse: "Questa è mia moglie, la signora Frome". Dopo un attimo, volgendosi verso la donna nella poltrona, aggiunse: "E questa è Mattie Silver..."

. . . .

La signora Hale, anima tenera, aveva pensato che io mi fossi perduto a Flats e fossi rimasto sepolto sotto la nevicata; e fu talmente felice di vedermi ritornare sano e salvo la mattina dopo, che ebbi la sensazione che l'essere stato in pericolo mi avesse fatto salire di vari gradini nella sua benevolenza.

Grande fu la sua meraviglia, e quella della signora Varnum, nel sentire che il vecchio cavallo di Frome mi aveva portato fino al bivio di Corbury e ritorno nella peggiore bufera di neve dell'annata; ancor più furono meravigliate quando seppero che Frome mi aveva dato asilo per la notte.

Sotto le loro esclamazioni di meraviglia intuii una segreta curiosità di sapere quali fossero le mie impressioni dopo la notte passata in casa di Frome, e indovinai che il miglior modo per infrangere il loro riserbo era quello di lasciarle tentare di penetrare nel mio. Perciò mi limitai a dire, in tono pratico, che ero stato ricevuto con grande cortesia e che Frome mi aveva preparato un letto in una stanza al pianterreno che aveva l'aria di essere stata, in giorni più felici, una specie di studio.

"Già," rifletté la signora Hale "con quella bufera, suppongo che non potesse far altro che darvi ospitalità... ma penso sia stato duro per Ethan. Credo che siate l'unico estraneo che ha messo piede in quella casa da vent'anni a questa parte. È tanto orgoglioso che non vuole che nemmeno i suoi più vecchi amici lo vadano a trovare; e nessuno ci va più, tranne io e il dottore..."

"Voi ci andate ancora, signora Hale?" arrischiai.

"Ci andavo molto spesso dopo l'incidente, quando ero appena sposata; ma dopo un poco mi accorsi che il vederci era peggio, per loro. E poi una cosa e l'altra, e i miei guai... Però di solito ci vado sempre intorno a Capodanno, e una volta in estate. Solo, cerco sempre di scegliere una giornata in cui Frome non ci sia. È già terribile vedere le due donne sedute là... ma la faccia di Ethan, quando si guarda intorno in quel misero posto, mi fa morire... Vedete, io posso ricordare la casa dei tempi di sua madre, prima che accadessero tutte le loro disgrazie."

La vecchia signora Varnum era andata già a letto, e la figlia e io sedevamo soli, dopo cena, nell'austero salotto imbottito di crine. La signora Hale mi guardò esitante, come per cercare di indovinare quanta presa le davano le mie congetture; e io indovinai che, se aveva taciuto finora, era stato perché stava aspettando da anni qualcuno che vedesse quello che lei sola aveva visto.

Attesi che la sua fiducia in me si rafforzasse, prima di dire: "Sì, è terribile vederli tutti e tre insieme, là".

Essa corrugò di pena la dolce fronte. "È stato atroce fin dal principio. Io ero qui in casa quando vi furono portati. Misero Mattie Silver nella stanza che voi avete ora. Lei e io eravamo grandi amiche, ed essa doveva essere damigella d'onore al mio matrimonio in primavera... Quando rinvenne, salii da lei e vi rimasi tutta la notte. Le dettero dei calmanti, e rimase in stato di semincoscienza fino al mattino, e poi improvvisamente si svegliò, mi guardò con i suoi grandi occhi, e disse... Oh, non so perché vi racconto tutto ciò" e la signora Hale si interruppe, piangendo.

Si levò gli occhiali, li asciugò, se li rimise con mano tremante. "Il giorno dopo si venne a sapere" essa continuò "che Zeena Frome aveva mandato via Mattie su due piedi perché aveva fatto venire una donna di servizio, e nessuno qui seppe mai bene per quale ragione Mattie ed Ethan facessero le corse con lo slittino quella notte, quando avrebbero dovuto essere in cammino per Flats per prendere il treno... Io stessa non ho mai saputo cosa pensasse Zeena... non lo so neppure oggi. Nessuno conosce i pensieri di Zeena. In ogni modo, quando seppe dell'incidente, venne subito e stette con Ethan dal pastore, dove lo avevano portato. E appena i medici dissero che Mattie poteva essere trasportata, Zeena la mandò a prendere e la riprese con sé alla fattoria."

"E vi è rimasta da allora?"

La signora Hale rispose semplicemente:

"Non aveva nessun posto dove andare"; e sentii una stretta al cuore al pensiero del duro destino dei poveri.

"Sì, è rimasta là," continuò la signora Hale "e Zeena ha fatto per lei, e per Ethan, quello che ha potuto. Fu un miracolo, considerando quanto era malata. Ma sembrò che riacquistasse le energie quando venne il suo momento. Non che abbia smesso di consultare dottori - ha avuto periodi poco buoni tutto il tempo -, ma ha trovato la forza di prendersi cura di quei due per oltre vent'anni, e prima dell'incidente credeva di non poter nemmeno prendersi cura di se stessa."

La signora Hale tacque un momento, e io rimasi silenzioso, immerso nella visione evocata dalle sue parole.

"È atroce per tutti loro" mormorai.

"Sì, davvero. E, tra l'altro, non sono caratteri facili. Mattie lo era, prima del disastro; non ho mai conosciuto una natura più dolce. Ma ha sofferto troppo... questo è ciò che ripeto sempre quando la gente mi dice che è diventata acida. E Zeena è sempre stata lunatica. È vero che sopporta Mattie splendidamente... l'ho visto io. Ma ogni tanto le due donne litigano, e allora il viso di Ethan vi spezza il cuore. Quando vedo ciò, penso che sia lui a soffrire più di tutti... in ogni modo non è Zeena, perché non ne ha il tempo... È un peccato, però," terminò la signora Hale sospirando "che stiano tutti e tre chiusi in quell'unica cucina. In estate, nelle belle giornate, trasportano Mattie in salotto, o fuori sullo spiazzo, il che rende tutto più facile... ma d'inverno bisogna pensare alle stufe... e non hanno un centesimo, su dai Frome."

La signora Hale tirò un lungo sospiro come se, liberata la sua memoria di un peso portato troppo a lungo, non avesse più nulla da dire: ma improvvisamente fu presa dall'impulso di confessare tutto.

Si tolse di nuovo gli occhiali, si chinò verso di me attraverso la coperta ricamata a perline del tavolo, e continuò a voce bassa: "Vi fu un giorno, circa una settimana dopo l'incidente, quando tutti credettero che Mattie dovesse morire. Ebbene, io dico che è un peccato che sia sopravvissuta. Una volta lo dissi apertamente al pastore, ed egli ne fu scandalizzato. Solo che lui non era con me quella mattina quando Mattie rinvenne... E io dico: se fosse morta, Ethan avrebbe potuto vivere; ma come sono ora, non mi pare che ci sia molta differenza tra i Frome su alla fattoria e i Frome giù al cimitero; tranne che al cimitero sono tutti tranquilli, e le donne devono per forza star zitte".

SOMMARIO

I *Introduzione di* Vito Amoruso

VII *Cronologia della vita e delle opere*

5 *Bibliografia*

7 ETHAN FROME

Finito di stampare nel mese di giugno 1994
presso lo stabilimento Allestimenti Grafici Sud
Via Cancelliera 46, Ariccia RM

Printed in Italy

BUR
Periodico settimanale: 6 luglio 1994
Direttore responsabile: Evaldo Violo
Registr. Trib. di Milano n. 68 del 1°-3-74
Spedizione abbonamento postale TR edit.
Aut. n. 51804 del 30-7-46 della Direzione PP.TT. di Milano

LA BUR LIBRERIA

Ultimi volumi pubblicati

L 884. Jean-Jacques Rousseau, *Giulia o La Nuova Eloisa*
Lettere di due amanti di una cittadina ai piedi delle Alpi
Introduzione e commento di Elena Pulcini
pp. 942

L 885. Theodor Fontane, *Errore e e passione*
Introduzione di Giuseppe Bevilacqua
6 illustrazioni
pp. 194

L 886. Michail Bulgakov, *Romanzo teatrale (Le memorie di un defunto)*
Introduzione, traduzione e note di Milli Martinelli
pp. 256

L 887. Mark Twain, *Wilson lo zuccone. I gemelli straordinari*
Introduzione di Guido Almansi
pp. 316

L 888 - L 889. Luigi Pulci, *Morgante*
Introduzione e note di Giuliano Dego
Due volumi in cofanetto
pp. 1186

L 890. Romolo Augusto Staccioli, *Manifesti elettorali nell'antica Pompei*
A cura di Romolo Augusto Staccioli
Testo latino a fronte
19 illustrazioni
pp. 232

L 891. Henri Pierre, *La vita quotidiana alla Casa Bianca ai tempi di Reagan e Bush*
Con illustrazioni
pp. 342

L 892. Plutarco, *Vite parallele*
Coriolano
Introduzione, traduzione e note di Maria Cesa
Alcibiade
Introduzione, traduzione e note di Luisa Prandi
Con un saggio di John Denton
Testo greco a fronte
pp. 492

L 893 - L 894. *Le mille e una notte*
Testo stabilito sui manoscritti originali del XIII secolo da René R. Khawam
Prefazione di Giorgio Manganelli
Due volumi in cofanetto
pp. 1538

L 895. Walter Pedullà, *Il ritorno dell'uomo di fumo*
pp. 346

L 896. Aleksandr Puškin, *La donna di picche*
Introduzione di Eridano Bazzarelli
Testo russo a fronte
pp. 110

L 897. Arthur Schopenhauer, *Metafisica dell'amore sessuale. L'amore inganno della natura*
A cura di Anacleto Verrecchia
pp. 176

L 898. Luciana Marinangeli, *Introduzione all'astrologia indiana*
Con illustrazioni
pp. 314

L 899. Thomas Mann, *Sua Altezza Reale*
Introduzione di Giulio Schiavoni
12 illustrazioni
pp. 306

L 900 - L 901. Ippolito Pindemonte, *Odissea di Omero*
Introduzione e commento di Michele Mari
Con illustrazioni
Due volumi in cofanetto
pp. 864

L 902. S. Anselmo d'Aosta, *Proslogion*
Introduzione, traduzione e note di Lorenzo Pozzi
Testo latino a fronte
pp. 234

L 903. William Wycherley, *La sposa di campagna*
Introduzione, traduzione e note di Masolino D'Amico
Testo inglese a fronte
pp. 352

L 904. Oliver Goldsmith, *Ella si umilia per vincere*
Introduzione di Viola Papetti
Testo inglese a fronte
6 illustrazioni
pp. 272

L 905. Mendele Moicher Sfurim, *I viaggi di Beniamino Terzo*
Prefazione di Claudio Magris
Introduzione e traduzione di Daniela Leoni
pp. 132

L 906 - L 907. Publio Cornelio Tacito, *Storie*
Introduzione e commento di Luciano Lenaz
Testo latino a fronte
Due volumi in cofanetto
pp. 862

L 908. Plutarco, *Vite parallele*
Focione
Introduzione, traduzione e note di Cinzia Bearzot
Catone Uticense
Introduzione di Joseph Geiger
Traduzione e note di Lucia Ghilli
Testo greco a fronte
pp. 542

L 909. Gottfried W. von Leibniz, *Saggi di Teodicea*
Introduzione di Gianfranco Cantelli
pp. 528

L 910. Nikolaj Gogol', *Veglie alla fattoria di Dikan'ka*
Introduzione di Fausto Malcovati
pp. 288

L 911. Platone, *Apologia di Socrate. Critone*
Introduzione, traduzione e note di Maria Michela Sassi
8 illustrazioni
Testo greco a fronte
pp. 226

L 912. Tito Maccio Plauto, *Le tre dracme*
Prefazione di Cesare Questa
Introduzione di Gianna Petrone
Testo latino a fronte
pp. 224

L 913. Fjodor I. Tjučev, *Poesie*
A cura di Eridano Bazzarelli
Testo russo a fronte
pp. 428

L 914. James Boswell, *Vita di Samuel Johnson*
Introduzione, traduzione e note di Giorgio Spina
10 illustrazioni
pp. 392

L 915. Luigi Lunari, *Cento trame del teatro italiano. Da Jacopone da Todi a Pierpaolo Pasolini*
pp. 668

L 916. Tacito, *Dialogo sull'oratoria*
Introduzione e commento di Luciano Lenaz
Testo latino a fronte
pp. 204

L 917. Dante Alighieri, *Convivio*
A cura di Giorgio Inglese
pp. 378

L 918. Aleksandr Puškin, *I racconti di Belkin*
Introduzione di Giovanna Spendel
Testo russo a fronte
pp. 208

L 920. Adalbert G. Hamman, *La vita quotidiana dei primi cristiani*
Con illustrazioni
pp. 352

L 921. Ovidio, *Tristezze*
Introduzione, traduzione e note di Francesca Lechi
Testo latino a fronte
pp. 408

L 922. George Etherege, *L'uomo alla moda*
Introduzione, traduzione e note di Viola Papetti
10 illustrazioni
Testo inglese a fronte
pp. 292

L 923. Isocrate, *Orazioni*
Con un saggio di Silvia Gastaldi
Testo greco a fronte
pp. 564

L 924. Charlotte Brontë, *Jane Eyre*
Introduzione di Oriana Palusci
pp. 524

L 925. Lucio Anneo Seneca, *Edipo*
Introduzione, traduzione e note di Guido Paduano
Testo latino a fronte
pp. 122

L 926. Teocrito, *Idilli e epigrammi*
Introduzione, traduzione e note di Bruna M. Palumbo
Testo greco a fronte
pp. 496

L 927. Arthur Schopenauer, *Aforismi per una vita saggia*
Introduzione di Anacleto Verrecchia
pp. 288

L 928. Ivan Cloulas, *La vita quotidiana nei castelli della Loira nel Rinascimento*
Con illustrazioni
pp. 408

L 929. August Strindberg, *Il padre. La signorina Julie*
Introduzione, traduzione e note di Franco Perrelli
pp. 198

L 930. Marco Tullio Cicerone, *Dell'oratore*
Con un saggio introduttivo di Emanuele Narducci
Testo latino a fronte
pp. 746

L 931. Euripide, *Alcesti*
Introduzione, traduzione e note di Guido Paduano
Testo greco a fronte
pp. 152

L 932. Nicolas de Chamfort, *Massime e pensieri, caratteri e aneddoti*
Introduzione di Albert Camus
Testo francese a fronte
pp. 728

L 934. Daniel Defoe, *Lady Roxana. L'amante fortunata*
Introduzione di Carlo Pagetti
pp. 376

L 935. Ivan Sergeevič Turgenev, *Padri e figli*
Introduzione di Eridano Bazzarelli
pp. 294

L 936. Émile Zola, *Il ventre di Parigi*
Introduzione di Alain Pagès
pp. 400

L 937. Marcel Schwob, *Vite immaginarie*
Introduzione e traduzione di Nicola Muschitiello
pp. 280

L 938. Il'ja Il'f e Evgenij Petrov, *Le dodici sedie*
Introduzione di Anjuta Gančikov
Con illustrazioni
pp. 514

L 939. Archiloco, *Frammenti*
Introduzione di Bruno Gentili
Testo greco a fronte
pp. 256

L 940. Lucio Anneo Seneca, *La brevità della vita*
Introduzione, traduzione e note di Alfonso Traina
Testo latino a fronte
pp. 106

L 941. Carlo Goldoni, *Storia del mio teatro*
Introduzione, scelta e note a cura di Epifanio Ajello
pp. 732

L 942. Paul Faure, *La vita quotidiana degli eserciti di Alessandro*
Con illustrazioni
pp. 426

L 944. Giovanni Della Casa, *Rime. Appendice: Frammenti sulle lingue*
A cura di Roberto Fedi
pp. 266

L 948. Plutarco, *Le contraddizioni degli Stoici*
Introduzione, traduzione e note di Marcello Zanatta
Testo greco a fronte
pp. 448

L 950. Lev N. Tolstoj, *La felicità familiare*
Introduzione di Giovanna Spendel
Testo russo a fronte
pp. 220

L 951. *Il libro di Isaia*
Introduzione di Gianfranco Ravasi
Testo ebraico a fronte
pp. 366

L 952. Pseudo-Aristotele, *Fisiognomica*
Anonimo Latino, *Il trattato di fisiognomica*
Introduzione, traduzione e note di Giampiera Raina
Testo greco e latino a fronte
pp. 278

L 953. *Lirici greci dell'età arcaica*
Introduzione, traduzione e note di Enzo Mandruzzato
Testo greco a fronte
pp. 460

L 954. Tito Lucrezio Caro, *La natura delle cose*
Introduzione di Gian Biagio Conte
Traduzione di Luca Canali
Testo latino e commento a cura di Ivano Dionigi
pp. 640

L 955. Averroè, *Il trattato decisivo sull'accordo della religione con la filosofia*
Introduzione, traduzione e note a cura di Massimo Campanini
Testo arabo a fronte
pp. 160

L 956. Federigo Tozzi, *Giovani e altre novelle*
A cura di Romano Luperini
pp. 192

L 957. Marcel Proust, *Il tempo ritrovato*
Introduzione di Ricardo Cano Gaviria
Con un saggio su «Proust in Spagna e in Giappone» di Daniela De Agostini
Indice analitico delle persone e dei luoghi di tutta l'opera
pp. 740

L 958. Michail Bulgakov, *Piccola prosa. Racconti brevi e feuilletons*
Introduzione di Tatjana Nicolescu
pp. 558

L 959. Hubert Prolongeau, *La vita quotidiana in Colombia al tempo del cartello di Medellín*
Con illustrazioni
pp. 336

L 961. Flavio Giuseppe, *Autobiografia*
Introduzione, traduzione e note di Elvira Migliario
Testo greco a fronte
pp. 214

L 962. Lev Nikolaevič Tolstoj, *Chadži-Murat*
Introduzione, traduzione e note di Milli Martinelli
pp. 178

L 963. Johann Wolfgang Goethe, *La missione teatrale di Wilhelm Meister*
Introduzione di Italo Alighiero Chiusano
pp. 390

L 964. Nikolay Gogol', *Il Vij*
Introduzione, traduzione e note di Eridano Bazzarelli
Testo russo a fronte
pp. 136

L 967. Miguel de Cervantes, *Novelle esemplari*
Introduzione di Monique Joly
pp. 732

L 968. Heinrich von Kleist, *La marchesa di O****
Introduzione di Emilio Bonfatti
5 illustrazioni
pp. 176

L 969. Alexandre Dumas, père, *Kean o Genio e sregolatezza*
A cura di Guido Davico Bonino
pp. 134

L 975. Friedrich Schiller, *Intrigo e amore*
Introduzione, traduzione e commento di Aldo Busi
pp. 180

L 976. Honoré de Balzac, *Casa di scapolo*
Introduzione di Alberto Castoldi
pp. 340

L 977. Régis Boyer, *La vita quotidiana dei Vichinghi (800-1050)*
Con illustrazioni
pp. 300

L 978. Gaspara Stampa, *Rime*
Introduzione di Maria Bellonci
6 illustrazioni
pp. 304

L 979. Poggio Bracciolini, *Facezie*
Introduzione, traduzione e note di Marcello Ciccuto
Testo latino a fronte
10 illustrazioni
pp. 416

L 984. Luigi Lunari, *Tre sull'altalena*
pp. 112

L. 10.000